冯仑的谜 万通的那套办法

章 岩◎著

中国财富出版社

图书在版编目(CIP)数据

冯仑的谜:万通的那套办法 / 章岩著.—北京:中国财富出版社,2016.1

ISBN 978-7-5047-5910-8

Ⅰ.①冯… Ⅱ.①章… Ⅲ.①房地产业—企业管理—经验—中国
Ⅳ.①F299.233.3

中国版本图书馆CIP数据核字(2015)第240988号

策划编辑 张彩霞		**责任编辑** 张 静			
责任印制 方朋远		**责任校对** 梁 凡		**责任发行** 邢小波	

出版发行	**中国财富出版社**	
社 址	北京市丰台区南四环西路188号5区20楼 邮政编码 100070	
电 话	010-52227568(发行部)	010-52227588转307(总编室)
	010-68589540(读者服务部)	010-52227588转305(质检部)
网 址	http://www.cfpress.com.cn	
经 销	新华书店	
印 刷	北京柯蓝博泰印务有限公司	
书 号	ISBN 978-7-5047-5910-8/F·2487	
开 本	640mm×960mm 1/16	**版 次** 2016年1月第1版
印 张	16	**印 次** 2016年1月第1次印刷
字 数	208千字	**定 价** 39.80元

他，一个白手起家的企业家，1991年开始涉足房地产行业。与经历过几起几落，有过绝对辉煌又经历过彻底失败，期间创建过无数公司的企业家相比，冯仑的商业道路走得相对平坦，然而，他磨砺出的本土功夫和商业智慧，却令无数企业家难以望其项背。事实上，当前中国国内，很少有人像冯仑那样具有浓郁的知识分子气息，他像一个思想家和哲学家那样管理企业，举重若轻，效果奇佳。

他提倡"守正出奇"，让万通在社会经济急剧转型时期，在不规则的空间里发展到现在；围绕一个"正"字做文章，让万通在非专业化领域做到专业化，在专业化空间精细化，在精细化空间做市场网络。

他呼吁万通人无论在什么时候都不要忘记"勿忘在莒"的精神，把反省看作万通地产的生存密码。公司领导鼓励员工批评领导：下级批评上级，员工批评"老板"，以这种方式总结经验。

他本身是一个有理想的人，作过很多演讲，提到最多的估计就是理想了；而且，还专门出了一本书，叫《理想丰满》，教导年轻人该如何确立自己的理想，如何看待自己的理想，以及如何去实现自己的理想。

在他看来，一个企业家应该有"三个钱包"，这三者各有特点，也各有用途，应该用不同的态度去面对。

他之所以被称为"地产思想家和哲学家",不仅是因为他具有商业方面的真知灼见,更是因为他善于把商业问题与人生问题挂钩,深入浅出,余味无穷。仅以投资问题为例,他特别关注与人类行为关系密切的投资活动,而且会把投资问题引申到人生态度上去观察。

他一路走来,保持着文人的气质,同时又沾染了商人的气场;他谈吐优雅,知识丰富,俨然一位忠厚的长者;他笑傲商场,纵横捭阖,带领团队冲锋陷阵,取得了一次又一次商业上的成功。或许,儒商是对他最好的描述。无怪乎企业界称他为"商界思想家",地产界称他为"学者型"的开发商。

本书是一本对"冯言仑语"的现代解读,是一本现代年轻人创业的"启示录"。书中包含了冯仑每个时期的重要讲话,尤其是商业方面的谈话,用诙谐、幽默、感性的语言表达出了其在商业上深邃的思想。本书分别从投资之道、企业文化、制度建设、经营管理、品牌战略、人际关系、社会责任等方面进行阐述和总结,详细讲解冯仑在商海驰骋多年的商道智慧。

翻开本书,让一位50岁的长者向你分享他的智慧人生。年轻时,我们所经历的他都经历过;年轻时,我们所承受的他也承受过。迷茫你所迷茫,困惑你所困惑……冯仑所秉持的思想观念和经营智慧贯穿全书,读者可以在轻松的阅读中理解冯仑的管理理念,并对其进行学习和吸收。

CONTENTS
目录

第一章

成功的商人都是"理想主义"

···

1.理想是前进的动力

冯仑说："个人事业的开始，往往源自想要实现内心愿景的冲动，也就是理想。"

冯仑本身也是一个有理想的人，作过很多演讲，提到最多的估计就是理想了；而且，还专门出了一本书，叫《理想丰满》，教导年轻人该如何确立自己的理想，如何看待自己的理想，以及如何去实现自己的理想。

可以说，冯仑决定改变自己的生活方式，创立公司，是因为理想；而获得成就，取得商业上的成绩以及出书立传，同样是因为理想。

冯仑对于理想的理解是：一个人如果没有理想，就会丧失前进的动力；理想是一种力量，可以转化为乐观主义的精神和无限的毅力。

据说，冯仑的钱包里一直装着阿拉法特的照片。冯仑为什么会对阿拉法特如此崇敬呢？因为阿拉法特是一位为理想奋斗不息的人，一生都在追求和平。阿拉法特曾说："我带着橄榄枝和自由战士的枪来到这里，请不要让橄榄枝从我手中落下。"阿拉法特折腾了几十年，天天睡觉都要换地方，但他并没有因此而退缩，这是因为理想给他带来了无限的毅力。虽然，国际各界对于阿拉法特的政治道路褒贬不一，但是，他对于理想的坚持，毫无疑问是令人敬佩的。

作为学者和商人，冯仑极为看重理想的价值。在多年的商业生涯中，冯仑多次谈到了"理想"，并强调，坚持"理想"是一切成功者共同具备的素质，商人也不例外。

万通公司的成立是一个比较有趣的过程，当时，一群来自天南海北的年轻人，本来互不相识，后来通过各种方式、各种渠道成了朋友，最终大家聚到一起，干了一番事业。虽然，这6个人后来各自独立去闯自己的事业，但万通还在，他们的朋友关系也还在。

朋友共同创业的情况有很多，但少有能够修成正果的，不是因为事业没做成或做得不够大，就是最后彼此分道扬镳，互不往来，有的甚至成了仇人。之所以会走到这种境地，大多是因为朋友间虽然性格相近，目标却不一致。有的为了这个目的参与创业，有的为了那个目的参与创业，更有甚者，是因为无事可做，突然心血来潮，想拉上几个朋友一起干一番事业。一群没有理想的人一起做事，当事业做成了，彼此有了成就理想的基础时，必然会发生分歧。冯仑他们之所以没有发生分歧，不仅有各自的事业，还保有彼此的情谊，靠的就是理想。万通，是几个理想青年共同创建的。

正因为有着相近的理想，所以万通的几个创始人虽然经常发生分歧，也有争吵，但从来没有出现过不可调和的矛盾；尤其是在利益上，从来没有人抱怨过自己干得多拿得少。之所以这样，是因为他们不仅在为万通付出，而且更是在为自己的理想付出。从初期的万通到分开后各自的事业，他们都能做得如此风生水起，就是因为他们有一股劲头在。

理想，不仅是一种愿景，而且更是一个目标。它就像一根鞭子，可以催人奋进，提醒人不断向前。一个有理想的人未必能够成就一番事业，但一个没有理想的人绝对无法成就一番事业。

雷军在大学时代就树立了做一家世界一流公司的目标。那时，他的大学成绩相当优异，尤其是专业课，老师和同学都非常欣赏他的才华。他大一时写的PASCAL程序，被老师选作下一版教材的示范程序；他还是系里20年来拿过《汇编语言程序设计》满分成绩的、仅有的两名学生之一。大三时，雷军通过开发软件，赚到了人生的"第一桶金"，这让他对自己的梦想更加坚定了。

大学毕业后，雷军进入了中国最早也最知名的软件公司——金山。在金山的那段时间，雷军为自己的梦想打下了坚实的基础——带领自己的团队成功推出了我们熟悉的金山快译、画王、毒霸等软件。正是雷军和他的团队坚持着自己的梦想，如今的"金山"才能成为最大的多元化民族软件企业。

2007年，金山刚刚成功上市，雷军做出了一个让人惊讶的决定——宣布因个人原因辞去金山总裁兼CEO的职位。很多人对他的这个决定感到费解，雷军说："这是我真正人生梦想舞台的开始。"他的博客名字就叫"人因梦想而伟大"，离开金山的梦想家雷军需要一个更好的切入点来继续追梦。在一次采访中，雷军说："我18岁时就有个理想，世界因我而不同，今天我是不是还坚持这个理想？是不是还想做一个与众不同的人？我特意查了一下，柳传志是40岁创业，任正非是43岁创业，我觉得我40岁重新开始也没有什么了不起的。"

当时正是互联网大热的时候，百度、阿里巴巴、腾讯等公司在互联网领域风起云涌，雷军决定在这里继续他的梦想之旅。后来，雷军成功投资了乐讯社区（移动互联社区）、UC优视、多玩游戏网、语音

IM(语音即时通讯)、拉卡拉支付终端、杀毒客户端、3G社区、凡客诚品等,成了名副其实的投资明星。联创策源创始合伙人冯波这样评价雷军:"他就是我们的财神,我们都很尊重雷总。"20年的从业生涯中,雷军努力实现着自己的梦想,而现在的他更充实了。

雷军说:"人因梦想而伟大,只要我有这么一个梦想,实现了这个梦想,我就此生无憾了;实现不了,我也心安了。"

洛克菲勒说:"不指望机会降临在自己身上的人,其实是承认自己无能。机会只会降临在有梦想的人身上,实现梦想的渴望越迫切,成功的几率就越高。没有什么比'有梦想'更接近成功了。有梦想,就能克服任何困难,甚至可以改变与生俱来的性格。"

每一个创业的人最初都有一些想法,有过些许幻想,但那是不是理想,能否引导自己走向辉煌,就需要斟酌了。重要的是,要看它是否能够给自己提供动力。如果不是,就该重新审视自己,给自己确定一个理想,让自己更好地向前发展。

2.确定理想要趁早

在冯仑看来,人的一生有两个时间很重要:15~20岁确定自己的理想,决定你想做个什么样的人,内心的英雄目标是什么;20~25岁扎堆交友,开始进入社会,你跟什么人在一起,最后会决定你的一生。在这两个时间段,第一阶段毫无疑问更为根本,对于人生的大方向起到了基础的作用。

　　每个人小时候都会有一个或大或小的理想,但并不是所有人都能实现自己的理想。那些在年轻时没有实现理想的人步入中年后,有几个能有勇气重拾儿时的梦,继续沿着那个方向奋斗呢?正如张爱玲所说,"出名要趁早",实现理想也要趁早。

　　康拉德·希尔顿曾经对他的母亲说:"我要集资100万美元,盖一座以我的名字命名的旅馆。"然后,他又指了指报纸上一大堆地名说:"我要在这些地方都建起旅馆,一年开一家。"说这句话的时候,他20岁,也就是在那一年,他在美国新墨西哥州圣安东尼奥镇的一间堆满杂货的土坯房里,开办了自己的第一家家庭式旅馆。

　　希尔顿从来都没有忘记过自己的梦想,从开第一家旅馆开始,他就一直在为梦想坚持不懈地努力着。就这样一直过了20多年,1928年,希尔顿41岁生日这一天,他之前确立的那些梦想都一一实现了,并且速度大大超过预期,达拉斯阿比林、韦科、马林、普莱恩维尤、圣安吉诺和拉伯克等地都相继建起了以他的名字命名的饭店——希尔顿饭店。

　　《老男孩》的歌词唱进了听者的心里,尤其是那句"当初的愿望实现了吗?事到如今只好祭奠吗",让每个曾经为理想奋斗的人都感慨万千。人到中年,做事保守,会有这样那样的顾虑;而青年时期是实现理想的最佳时机,这时的我们凭着一股冲劲,可以骄傲地说:"我们还年轻!"年轻人做事不会瞻前顾后、畏首畏尾。

　　20世纪50年代早期,美国南加州一个小小的城镇中,一个小女孩抱着一堆书来到了图书馆的柜台。

　　这个小女孩是个小读者,她的父母有很多书,但都不是她想看的。所以,她每个礼拜都会到坐落在一排木结构房子中的黄色图书馆来,里面的儿童书架在一个隐蔽的角落,这个角落里有她想看的书。

当白发苍苍的图书管理员为这个10岁的小女孩所借的书盖上日期戳印时,小女孩渴望地看着柜台上的"新书专柜"。写书这件事令她惊叹,在书中开创另一个世界是何等的荣耀。

在这个特别的日子,她定下了她的目标:"当我长大以后,我要当一个作家,我要写书。"

图书管理员检索了她的戳记后,并没有像其他大人一样叫孩子谦虚点,而是微笑着鼓励她说:"如果你真的写了书,把它带到我们图书馆来,我会展示它,就放在柜台上。"

小女孩承诺说:"我一定会的。"

时光飞逝,她长大了,她的梦也是。

她在九年级时有了第一份工作:撰写简短的个人档案。每写一个档案,地方的报社都会给她1.5美元。对于这份工作,钱的吸引力比让她的文字出现在报刊上的魔力逊色多了。通过这份工作,她的写作能力得到了很大的提升,但这离写一本书还有很长的路要走。

她毕业后,进入一家大报社工作,还尝试着编辑杂志,但依旧没有写书。

直到有一天,她觉得自己有话要说,于是开始了创作。她把成品送给两家出版商过目,但均遭到了拒绝,她悲伤地把它丢在一旁。7年后,旧梦复燃,她有了一个经纪人,又写了另外一本书。

她把藏起来的那本书一起拿出来,很快,两本书都找到了出版商。

但书的出版比报纸慢得多,所以,她又等了两年。有一天,内含这名自由撰稿人新书的邮包寄到了她门前,她打开一看哭了起来。等了这么久,她的梦终于实现了。

她记起了图书馆管理员的邀请和她的承诺。

当然,那个特别的管理员早已去世,小小图书馆也扩建成了大图书馆。

她打电话问了图书馆馆长的名字,并给馆长写了一封信,说以前的那位图书馆管理员对一个小女孩的意义有多重大,并问馆长是否可以送两本书给图书馆,因为这对当时那个10岁的小女孩而言是件大事。图书馆复电表示欢迎。

来到图书馆,她把书交给了图书馆工作人员,工作人员把它们放在了柜台上,还附上了解说。这一时刻,泪水流满了她的面颊。离开时,她在图书馆外面照了一张相片来证明虽然过了30多年,但她兑现了自己的承诺。

站在图书馆公布栏的海报旁,10岁小女孩的梦想和这名作家终于合体了,海报上写着:欢迎归来,姜·米歇尔!

确定理想要趁早,选定了自己的理想和目标,做之前不要怕,做之后不要悔。不要寄希望于大器晚成,更不要等到老年再来为当初没有努力而暗自神伤。确定理想,就像确定人生海洋中的航标,不管中间经历了多少跌宕起伏、千回万绕,都要一直向着这个航标前进。

3.实现理想,和金钱没关系

创业者往往会遇到缺少资金的困难。然而,没钱真的是走向成功的最大障碍吗?事实上,很多成功的企业家在创业初期都没有多少资金；就拿李嘉诚来说，他最初的创业资本只有5万港元，但现在却是华人首富。可见，缺钱不是根本问题。

在这方面，冯仑也是一个很好的例证。他今天的成功并不是因为他创业初期有多少资金，而是凭借其他方面的素质。当初万通建立时，6个合伙人一共才凑齐了3万元。而之后的逐步崛起，靠的都是其他方面的素质。

冯仑认为，能否取得成功，金钱不是决定因素。冯仑把"成功的基因和密码"归结为四种能力，这四种能力在创业过程中所起的作用比资金更为重要。冯仑把它们总结为价值观、毅力、低姿态做人和正确判断未来的能力；其中，价值观起到了基础性的作用。

冯仑把价值观看作人生的导航仪，有了它，才能找到人生的方向。所以，价值观不同，人一生的努力方向也会有所不同。对于创业者来说，他必须具备商人的价值观，否则就难以成功。

人生分为两种，第一种人生是95%的人重复的一种生活，叫过日子，讨生活。每天过日子，你不讨就会饿死，这种人生占绝大多数，保持着社会的稳定和道德的继承性。但还有5%的人是第二种人生，就是挑战命运，创造生活，改变自己的未来。

冯仑说："我发现很多人在创业的时候都在幻想着第一种人生的安定、风险控制、成本，然后想着第二种人生的辉煌、成就和虚荣心。这两件事是不能够放在一起谈的，就像我碰到一些人，他们总是说创业，我首先想到的就是你要换一种活法，就现在这个活法不用创业……如果你要创业，但心中却一直想着上班、下班，带着孩子学钢琴，基本上，这件事情很难。当然，这也取决于身边的女人是不是支持你。如果身边的女人要过正常的生活，那你要创业面临的第一件事情就是分手。"

价值观是人生观的体现，在一定角度上说是抽象的。但是，只具备抽象性的价值观是无意义的，它必须通过具体的行动表现出来。

通用电气前任CEO杰克·韦尔奇在《赢》一书中写道："价值观乃是人们的行动，是具体的、本质的、可以明确描述的，它不能留给大家太多的想象空间。大家必须像执行行军命令那样运用它们，只因为它们是实现使命的办法，以及争取最终的盈利目标的手段。"

在商业领域中，价值观会具体表现为行为模式，而企业领导的价值观会具体化为整个企业的某些规章制度。如此看来，价值观这种似乎抽象的东西，会在现实社会中产生极大的效力。

在不同的企业里，价值观往往也有所不同，而这种不同是根本性的。工商管理(MBA)课程里经常讲差异化竞争，事实上，差异化竞争在产品和营销等方面，几乎都可以模仿。真正不能模仿的是价值观，因为它隐藏在企业和企业家的灵魂深处，不易捉摸。这就是为什么有的企业、有的人能够成功，而另一些企业、另一些人却不能成功。

要理解价值观的真意，你可以在心里想象一下：当你跟你的合作伙伴、同事、朋友建立金钱关系的时候，可以尝试着拿一个尺度来衡量、决策，这会引导你朝不同的方向走去。

冯仑指出，当我们看马云的时候，不要光看马云成功的故事，而应该看看马云是怎样在微观决策的时候判断细小的是非的，比如马云在上市的时候，只拿了5%的股份，这就是价值观。更多的人，会把70%的股份收入自己囊中，这样的价值观，会导致未来非常多的曲折故事，以及大体说来不太美妙的结局。这就印证了冯仑经常说的一句话："要坚持理想，树立自己的价值观，赚钱只是顺便的。"

4.坚持"学好"的信念

万通从成立之初就打出了"学好"的旗号,时至今日,20多年过去了,万通有很多变化,如股东的变化、战略方向的变化、战术上的调整等,但万通"学好"的信念始终没变,正是数十年如一日的坚持,让万通走向了成功。

创业初期,冯仑面临一个选择:学好还是学坏?当年海南房地产投资过热产生泡沫后,很多企业都出现了经济问题,所以只能赖账。万通也遇到了同样的问题,但冯仑没有像别人那样赖账,他坚持要学好,做好人,哪怕公司蒙受再大的损失也不能违背良心。

在一次新员工培训会上,冯仑说道:

学好是一个境界问题,你要忍受委屈。人之所以能忍受委屈,是因为有理想、有希望,对自己的事业有崇高感和责任感。所以古人讲,人必有坚韧不拔之志,才有坚韧不拔之力。

说到这儿,我要讲一个故事。1994年,海南的经济泡沫破裂,本来当时我们可以全身而退,不承想被一家坏公司和一群坏人"摧残",不仅逼着我们把卖出去的房子收回来,还要求我们付利息。因为我们买楼的钱也是借的,7000万元的本金,连同10年20%的利息,这给我们造成了很大的债务压力。后来,政府为我们做主,把这帮坏人抓起来了,可我们的损失还是一分也拿不回来。所以,我们现在所说的万通集团的遗留问题,就是这一件事。

当时也有人劝我,让这些债务烂掉,反正政府能向债权人证明我们也是受害者,我们的钱也是被坏人抢走了。但我心里一直不踏实，最后还是决心自己扛着，不使债权人牵扯这些，我们要做好人。

后来我算算，这一件好事做下来，等于万通白干10年。所以，做好人不仅要埋单，还要忍耐。如果对自己所干的事没有荣誉感，没有信心，根本坚持不下来，气都气死了。

尽管"学好"要付出昂贵的代价，但万通"学好"的观念从来没有改变过。冯仑认为，名闻天下的"万通六君子"就是受到了"学好"这一企业文化的影响，才会取得今天这样伟大的成就。他说："没有道路、没有法则，6个热血青年决定要'以天下为己任，以企业为本位，创造财富，完善自我'，这在当时很多人看来有些荒唐可笑的做法，却奠定了整个万通地产'学好'的价值基础，指引了万通健康发展。今天，'万通六君子'已经各奔东西，但至今仍然是好朋友，更难得的是，每个人都发展得很好，每个人都没有出问题，这殊为不易。"

随着对"学好"这一企业文化认识水平的不断提高，冯仑在2008年提出了"真心学好，其实是钱以外的事情"的观点。他在名为《民企如何在色与戒之间平衡》的一次演讲中说：

真心学好这件事情就是钱以外的事情。所谓真心学好，最重要的就是做两件事，一件就是检讨自己。从1993年拿到营业执照开始，我们就一直在反省，我们老是觉得自己会出问题。这样的反省，使我们在1996年处理我们的问题时作出了正确的决定，结果，我们活过来了。另外，我们要"傍大款"，于是我们就在全国找先进的公司。怎么样才能做到真正的学好，实际上就是找到标杆。

冯仑认为，学好还需要注意几个问题：学好要有行动力；学好要坦荡地做人处世；学好不能作秀，要持之以恒；学好要"把小公司当大公司办"。

在一次对新员工的讲话中,冯仑特意强调了这几点的重要性:

学好要有行动力,这是成事的基础……共产党在延安,行动能力是很强的。延安历史博物馆中陈列了大量的外文书籍,说明他们对外部信息的捕捉、对大趋势的掌握是一流的,干的很多事是实实在在的,所以说他们的行动能力极强。

学好要坦荡做人处世,用道德约束人……外界都说,万通没出问题,万通系统没出问题,这一定和万通学好的传统有关系。所以万通的文化中又加了一条道德条款,并固定成为:"用制度筛选人,用业绩淘汰人,用道德约束人。"

万通学好并非作秀。一时学好,难免有作秀之嫌,但一路学好就一定是真的。我可以负责任地说,万通是极其认真地一路学好。

万通能够一直在国内房地产行业保持领先地位,很大程度上是因为冯仑对企业文化非常重视。

很多事情不是事情本身决定性质,而是做这件事情的时间。坚持就要忍受痛苦,一家企业之所以能够忍受巨大的痛苦,就是因为它有理想,对自己的事业有一种崇高感。没有理想和毅力,就不能坚持;没有行动,就不能发展下去。

正如海尔集团CEO张瑞敏曾经说的:"海尔17年只做了一件事情,就是创新,就是坚持。"冯仑也在文章《学好是一件昂贵的事情》里说:"学好是个大白话,但我要说的是,学好是个很昂贵的事情;学好是个很辛苦的事情;学好是个很委屈的事情;最后,学好才是很光荣的事情。这些年来,我可以负责任地说,万通一路在学好。"

5.适当妥协,才能把理想变为现实

要想把理想变成现实,我们需要避免体制性摩擦,需要能够处理好偶然事件,需要学会妥协,最终改变自己。

冯仑是一个有理想的人,也是一个始终坚持按照理想去做事的人。不过随着年纪越来越大,阅历越来越丰富,他觉得自己之前的做法或许也是有问题的。冯仑发现的问题不是不应该坚持理想,而是要学会适当地妥协。

最开始让冯仑有这个认识的是他的合伙人之一王功权。冯仑曾说,王功权经常批评他,说他总是强制别人按照自己的想法去做事,可万一他的这个想法是错误的,岂不是所有人都要跟着付出代价?冯仑反思了这件事,最后觉得王功权的话很有道理,自己有理想没错,但不能绑架他人也跟着自己的理想去做事。有了这番反思之后,他认为企业家要有理想,这是将企业做大的必要因素,但不能总是强迫别人跟着自己的理想走,有时候也需要变通和妥协。浓缩成一句话就是,理想不能变,但过程中可以妥协。

中城投资是中国规模最大、运行最好的房地产基金,是由众多房地产人共同开发出来的,冯仑和王石等都是这个基金的管理人。在中城投资最开始建立的时候,资金只有8000万元,不过很多成员有大理想,觉得合作者都是房地产的大佬,就应该有大气势,将之做成中国最牛的房地产基金,如果不能达到这个目标就不做。这时候,王石说了一句话:"现实不是理想,我们要做的是先将基金建立起来,然后慢慢做大,一点点往前走。"王石的这个说法显然跟众人的理想不一致,太过保守。如果按照冯仑年轻时的性格,肯定不会同意,他会觉得这跟自己的理想不符。可那次冯仑并没有反对,反而支持王石的做法。最终,他们靠8000万注册了互助式基金,之后一点点做大,终于成了国内最大的房地产基金。

在说到这件事的时候,冯仑表示,这就是一个理想不变但过程中可以妥协的事例。如果单纯按照理想来行事,那么基金建立的时候就应该是大动作,有大规划,有大笔资金。但当时显然没有这个条件,不仅资金不足,经验等也不足。这时候就要学会妥协,让自己的步子慢下来,将理想装在心中,一点点朝着理想中的样子去努力。在这个过程中,目标是不变的,只不过选择了另一条路。这就是为了理想而妥协。如果目标变了,看着手里的钱不够建成国内最大的基金,就放弃想法,内心里觉得随便应付一下就好,那就不会有最后的成功了。

一个管理者要有自己的理想,也要为自己的团队构建理想。不过管理者必须明白,个人有理想或为团队构建理想并不是最终目的,实现这些才是最终目的。实现理想需要准备一个个条件,这是一个漫长的过程。当所有条件都具备了,理想也就实现了。但想要在第一时间就拥有所有条件是不现实的,而因为缺少某一个条件就宁可不做,更会阻碍理想的实现。追求理想,就要不断妥协,这妥协的过程,就是一个人成熟的过程,就是一个企业成长的过程。

有人曾说,联想能有今天,是因为忍耐了很多常人无法忍耐的东西,背了许多本不属于它的黑锅。柳传志将那些扛了下来,最终发展了企业,也成就了自己。

与同时代创业的许多企业家不同,柳传志身上有很多变通的因子。他的骨子里有着理想化情结:是非分明、正直、有原则,但在具体做事的时候,他又是一个懂得妥协的人。

柳传志曾经说过："为了实现某个目标,有时候可以妥协。但要记住,目标本身不能变,这一点是要坚持的。"归结为一句话,就是妥协不过是一种手段,而不是目的本身。

柳传志是有大理想的,不仅想经营好自己的企业,赢得更多利润,更想做到国际知名,打入国际市场。正因为这一点,柳传志带领联想收购了IBM的笔记本业务。而在这个过程中,柳传志也做了很多妥协。

首先是文化上,两个公司合并之后肯定要有统一的文化,在这一点上,联想做了一些妥协。他们规定,如果IBM那边不能忍受某些联想的原有规定,可以商量。其次是员工的待遇方面。IBM是国际大公司,员工待遇要比联想高很多。两家公司合并为一家之后,一定要有统一的制度,也应该有统一的待遇。可是,联想考虑到IBM原本团队的凝聚力和效率问题,决定维持他们原本的薪资水平,并承诺在3年内不改变。这一举措虽然维持了IBM团队之前的高标准,激发了新同事的工作热情,但也招来了本土员工的不满,这就需要联想的高层去做沟通工作了。事实证明,他们做得很好,联想的员工并没有因为待遇问题而闹情绪。

这些都是联想的妥协和付出。在一般人看来,这种做法跟高明的管理方式相冲突。其实不然。对于一个公司来说,制度很重要,统一的制度更重要。但要明白,制度存在的目的,不是为了约束人,而是为了使企业更加高效。因此,只要始终坚持高效为目的,暂时的制度不平等是没有问题的,有问题的是制度始终不平等。这就是联想的过人之处,也是柳传志等人的妥协智慧。

成功需要理想,需要坚持,但更需要学会妥协。一个管理者,承担的是整个团队,自然要比别人付出更多,偶尔的妥协不是认输,也不代表失败,只是获得成功的一种方法。

6.认同自己的角色

1959年，冯仑出生于陕西西安,1982年从西北大学本科毕业,1984年中央党校研究生毕业。1984年至1991年在中央党校、中宣部、国家体改委、海南省改革发展研究所任职,并于2003年获得法学博士学位。

对大多数人来说,1991年是极其平凡的一年。但这一年对冯仑却有着特殊的意义,正是在这一年,他放弃了国家机关的公职,选择下海经商。

很多人都无法理解冯仑为什么会这么做。冯仑是名牌大学的毕业生,又在中央党校进修过,之后被分到海南改革发展研究所任职,只要沿着这条路走下去,必定会有一个美好的未来。所以,当冯仑决定下海经商时,很多人都表示反对,包括他的父亲。父亲为了劝他回心转意,给他写了一封很长的信,指出了公职的种种好处,告诫他要全面考虑。尽管如此,冯仑下海经商的决心丝毫没有动摇。

从一个"体制文人",一下子转变成为商人,冯仑多少有些不适应。他在2008年接受媒体采访时这样说道:

最大的"得"是我意外地成为商人,"失"的是失去了做一个很好的文化人的机会。我先前一直认为做知名文化人比较好,可以胡吃海喝,而且有犯错误的自由。文化人犯错误成本低,都被披上了很多光环,叫奇闻轶事,或风流韵事;政治家不行,政治家一犯错误就祸国殃民。我以前一直想做知名的文化人,但也要知名,否则也叫流氓无赖;意外地失去了这个机会,意外地成为了一个商人。我一开始真的不是很喜欢商人这个角色，自己大概做了两三年之后，才开始喜欢做生意这件事情。

从这段话中可以看出，冯仑并没有能够立即适应商人的角色。

当年海南万通炒掉第一个人后，那个人不服气，天天在公司楼下大骂冯仑是"资本家"，这让冯仑的思想受到了巨大的冲击。但是，经商的乐趣很快使冯仑的内心平静了下来，他觉得这才是他的事业。他把经商比作爬山，虽然过程辛苦，但登上山顶时"一览众山小"的感觉非常棒。正是因为这种乐趣和幸福，他逐渐抛弃了做文人的想法。

成为商人后，冯仑以他深刻的思想和独特的视角对中国的商业和市场经济做了透彻的分析。他认为，商业自封建社会就出现了，但过去以做小买卖的商人为主，而现在，中国需要企业家，需要商业文明。想要做到这点，就必须走市场经济道路，建立起法律秩序。在他看来，企业家在追求经济利益的同时，还要承担更多的社会责任。"作为商人，你为社会创造了财富，依法纳税，保持着社会的发展，这是责任，也是'义'。商人只有赚钱是道德的，但更要注重利润背后的东西。只有懂得给予才能真正地得到。用李嘉诚的话说，就是'如果10%的利润是合理的，11%的利润是可以的，那我只拿9%'。"

冯仑是这样说的，更是这样做的。他开创的万通公司始终以社会责任为使命，在追求经济利益的同时，不忘做慈善事业，回报社会。对于商人的社会责任的认识和认同，使冯仑从骨子里热爱上了商人这个身份。

从文人到商人，冯仑很好地完成了角色转换，但他身上很多优秀品质并没有随着角色的转换而丢失，比如知识分子的责任和理想，江湖义士的英雄主义色彩等。有人评价冯仑说，他不属于严肃、沉稳的那一类老板，在他身上往往会让人寻找到一种久违的潇洒和浪漫，使得他在商人堆里少了一分世故，多了一分从容，少了点铜臭味儿，多了点人情味儿。

最初走上创业这条道路时，每个人都会面临角色转换的问题。认清自己的角色，并从内心里认同自己的商人角色，对创业有着重要的作用。一个人是不可能在自己不喜欢的行业中获得成功的。冯仑成功地处理好了从文人到商人的转变，所以才能把生意做好，他的转变经过对创业者来说具有很好的借鉴意义。在当前中国，大量新的民营企业涌现，其中不少领导者都是知识分子，对于他们来说，如何转变自己的角色是企业存活和发展的起点。

冯仑曾说："人的事业是个马拉松，在每一个弯道处，前后的次序都会有所变化，但最终跑到底的是最有毅力的人，而不是某一段跑得最快的人，最后的胜利正是跑得最有毅力而又不跑错方向的人。"只有先看清自己所扮演的角色，你才能不跑错方向，坚持到最后。

第二章

伟大要"熬"，也要"折腾"

1.毅力是"时间的函数"

理想确定后，有没有毅力显得尤为重要。毅力说起来容易，但没有几个人能够真正把它做好。简单来说，毅力是一种持之以恒的坚持。在企业家的生涯中，它是一直与时间相伴的东西。冯仑把毅力比作"时间的函数"，他说："崇高而远大的理想，特别能够激发人的奋斗热情和战胜困难的勇气，同时也锻造着不断坚持的毅力。"

在《赚钱以外的功夫》一文里，冯仑特意强调了坚持的重要性：

如果我们在做了3年的时候垮掉了，大家可能把我们随意看待；当我们30年还在这儿的时候，大家开始有一些敬意；当300年后这个公司还在的时候，大家开始顶礼膜拜。所以，时间是一个很好的东西，可以考验你的价值观和做人的姿态。中国历史传统中，没有把事往快里办的办法,这些传统大部分都教我们把事往慢里办。通过慢能够把事做好,所以叫事缓则圆。以缓找到方法,以圆作为皈依,这就是中国人的智慧。所以你要有毅力。

在冯仑看来,毅力并不是一种与生俱来的能力,而是在不断追求理想的过程中逐渐磨炼出来的;先有理想和志向,然后才有毅力。

冯仑指出:

毅力并不是一种本能,人之所以需要毅力,目的是追求成功,实现理想,成就伟大与光荣的人生境界。然而,在人类历史上,所有与伟大和光荣联系起来的词汇,都是感觉器官上非常痛苦的事情,比如说要刻苦忍耐、帮助别人、高瞻远瞩、勤勤恳恳、忍辱负重,这些词没有一个是快乐的,感官上都很痛苦,与人的本能是相反的。而与罪恶相关的词汇,在感官上都是放松的,比如吃喝嫖赌、纸醉金迷、有仇报仇等,在感官上都是放,不是收,都很舒服,不是痛苦。所以,毅力意味着要和本能战斗,要和本能对抗,要和不舒服的事为伍,要和舒服的人远离,这样才能变成有毅力,否则就不能理解什么叫毅力。人家天天大吃大喝,你也大吃大喝,这不叫毅力。

那么,怎样才能战胜这些本能呢?冯仑认为,理想和信念可以战胜这些本能。正所谓"人必有坚忍不拔之志,方有坚忍不拔之力",可见,毅力来源于志向。

也就是说,想要拥有毅力,就必须做到:第一,有光明的理想引导自己;第二,耐得住时间的考验;第三,要在黑暗的隧道中找到有价值的伙伴。三点全都具备,才是毅力的真正含义,否则,这个毅力就是死扛,不一定能取得成功。

关于理想与毅力的关系，冯仑还做出过如下解释：

当理想引导你的时候，你才能坚持。很多人没有理想的引导就吓死了，他恐惧呀。还有一种是在弄清自己有多大的体力前，自己就放弃了，也许他再折腾一下就出去了。还有更多的人，他一开始就没有这个准备，走到一半又回去了，他不再往前走了。所以只有少数人，心里头看到了光明，并被这个光明引导，才一直不屈不挠地往前走，最后走出来。这种人很少。

现在很多想要创业的人，特别是那些刚刚走出大学校门的毕业生，都缺乏为理想不断坚持的毅力。

《北京青年报》上曾发表的文章《冯仑：创业需要两件事》指出，现在的年轻人太相信聪明，相信取巧和走捷径，不太相信毅力，喜欢把大道理留给别人，把小道理留给自己。如果能反过来，把大道理留给自己，把小道理留给别人，那一定会非常了不起。如果把"你去干吧，让我歇会儿"变成"你歇会儿，让我去干"，这样坚持20年，最后的结果肯定是不一样的。大道理是经过几千年论证的，没有人能够例外。

看看那些成功的企业家，都是笃信毅力，数十年如一日地坚持，才积累了巨大的财富。有许多企业家一干就是一二十年，每一年每一天都与困难为伍，那是一种没有自由的痛苦，对人生来说是一种巨大的煎熬。

联想控股董事会主席柳传志就是一个经历了巨大煎熬的成功者。在联想集团誓师大会上，他说："大家知道，我们从研究所出来下海，好几次都被人骗了。公司刚成立一个月，20万的股本就被人骗走了14万；1987年公司还很小的时候，一次业务活动差点被人骗取300

万元,李总就在那次吓出了心脏病,我天天半夜被吓醒;1991年的关于进口产品的海关问题,1992年的黑色风暴,还有外国企业大举进入的最痛苦的1993年,哪一年不是把人惊得魂飞魄散,哪一年没有几个要死要活的问题?!然而,正是这一次次的狂风暴雨,一次次心志的历练,才有了1995年的'临危不乱,举重若轻'。"

柳传志的话告诉我们,任何创业者的成功都不是一蹴而就的,而是在战胜了挫折、战胜了困难、战胜了创业路上的狂风暴雨后,才得以实现的。因为这些创业者具备超人的毅力,坚持了他们正确的经营理念与方法,所以最终才能战胜种种艰难险阻,走向成功的彼岸。

毅力在冯仑经营万通的过程中起到了非常大的作用。他认为,与万通"谈恋爱"是他一生之中最难忘的时光。有时,人际关系方面的事情会把他折磨得痛苦不堪,为此,他经常去读《道德经》,在中国传统哲学中寻求慰藉。他说,《道德经》对他的世界观影响很大。他还说,他不看表面强悍的书,而是看《老子》《庄子》那样终极强悍的书。一般人都有体会,如果不是做专门的研究,普通的读者很难读懂《老子》《庄子》。冯仑读这些书,既是为了缓解压力,寻找精神上的慰藉,同时也是在磨炼自己的毅力。

冯仑和许多成功企业家的经历告诉我们,仅凭小聪明和投机取巧是不可能走向成功的,只有靠顽强的毅力、长时间的坚持,才能成就不朽的功业。

2.激情是伟大的基因

在冯仑看来,伟大是一个基因。一个人如果拥有伟大的基因,然后用一生的时间按照这个去做,他就会变得伟大。

冯仑认为,伟大这种基因可能是一种意识形态,就像共产主义和宗教狂热一样。这种意识形态的基因会根植于人的内心,让人做出疯狂的事情。印度的圣雄甘地就是因为拥有这种基因,才会为民族解放事业奋斗不息。

伟大的基因也是一种感情,这种感情有时候是偏执的;甚至有人说,不偏执就难成伟大。电影《霸王别姬》里有一句台词,叫"不疯魔不成活",说的就是这个意思。

每个人都有自己的梦想,在实现梦想的途中,会有很多东西以不同的方式阻碍你。这时,你就需要寻找一份激情。激情是一种信念,也是一种动力。每个人的潜能和创造力都是无限的,当这些能力被激情激发释放出来后,人能够实现的价值将是无限的。

有些企业家刚刚创业的时候都踌躇满志,但在满怀激情地创下一方天地以后,便逐渐变得自满起来,以致失去了激情,不思进取,最终被市场所淘汰。

雷军说:"我原来不成功,今天也不成功,我可以做得更好,但是没达到。在我看来,我是失败的。很多人都说我是成功者,但我感受不到。我是一个成就驱动型的人,这样的人能够忍受各种痛苦,充满激情。"可见,激情是一股伟大的力量,你可以利用它来补充自己的精力,塑造出一种坚强的个性。有些人很幸运,天生就极富激情,有些人则需要努力挖掘才能获得。

自从雷军加入金山以后,整个金山团队都变得疯狂起来,充满了干劲。雷军说:"我在金山工作的16年,每天十几个小时,每周7天,我把全部的心血和热情都倾注在这家公司里。同行评价我是一个疯子带着一群疯子。'我的青春,我的金山',每每想到这句话,我都是感慨万千。"

2001年9月,金山和"疯狂英语"合作,决定打进英语教育市场,于是举办了"金山、李阳英语疯狂夜"。在这个活动开始前20分钟,雷军还在开董事会,会议刚刚结束,他就赶到了会场。他的双眼布满血丝,看得出来很累,但还是风风火火,充满激情。活动现场一片沸腾:李阳魅力依旧,疯狂依旧;雷军则是意气风发,慷慨激昂。雷军的声音有些沙哑,但激情不减,他说:"中国已经成为全世界最大的英语学习市场。金山公司从1996年起就开始研发英语电子词典和翻译软件,作为民族软件业的代表,我们始终致力于为12亿中国人提供最实用的工具和娱乐软件。我们希望金山的产品能帮助更多的中国人学好英语,走出国门,为中国的国富民强和国际化踏实地贡献我们的力量!"这番讲话让到场的两万多名"金山词霸"的忠诚用户和英语爱好者激动不已。

由此,"金山词霸"的销售业绩猛涨,拉开了"金山词霸"与"李阳疯狂英语"强强联手、完美合作的篇章。同时推出的"金山词霸2002"和"金山快译2002"成了金山公司与"李阳疯狂英语"发布的首款联合品牌产品,此外,还有"李阳疯狂英语"教材和CD的精华版。这一系列产品掀起了一股前所未有的英语学习热潮,同时也预示着金山公司新产品的巨大成功。

雷军说:"我是在与自己竞争,如何让人去买'金山词霸'升级版本?大家都觉得产品已经不错了,不必买新版本了,我要让每一个版本看起来都是新的,就像有一百多年历史的可口可乐,充满了品牌的活力。我要赋予'金山词霸'新的生命和新的色彩,让它重新'疯狂'起来。"

对雷军而言,最初的激情一直没有改变。在国产软件步履维艰的现实条件下,"金山"走出了一条"曲线救国"之路。一度被视为"中国微软"的"金山",从办公软件起步,经历19年风雨后,成功上市。"金山"走过的道路就是中国民族软件产业发展的艰难历程。而"金山",正是在雷军的带领下,坚持自己的理想,在激情永不退的信念下坚持到了今天。

人一旦有了理想,就有了拼搏的动力,而动力是需要激情去维持的。雷军的激情不但成就了自己的梦想,也让他一手打造的金山公司散发出了勃勃生机。雷军在一封名为"致全体金山人"的邮件中,对全体员工说道:"经过了长达8年的上市准备,我们终于迎来了这一刻,这一刻属于每个金山人,没有大家的努力拼搏,就没有今天的幸福时光,19年的春去秋来,时间没有在我们的脸上留下印记,我们依然像刚创业一样,充满了激情和活力!"

没有激情就实现不了梦想。也许很多人都有着极大的工作激情,但是不是能一如既往地保持下去呢?当日复一日、年复一年地重复做着单调的事情,日益繁多的工作压得自己没有空闲喘息,很多人逐渐丧失了最初的满腔激情、昂扬斗志,有时连基本的工作都应付不来,更谈不上实现理想了。成功不仅要有激情,还需要将这种激情一直保持下去。那些成功的人用自信、务实的态度和精神来诠释着激情,实现着梦想,完成自己的使命。

激情的力量很神奇,它可以让人完成看似不可能的事情,成就心中的梦想。更重要的是,激情反映了你对所从事工作的热爱。成就一番事业是每一个人生命价值的体现,也是用你的智慧和能力去服务天下人的最佳方式。没有激情,你就不可能全身心地投入到你爱的事业中去。相反,如果一个人能够充满激情地去工作,哪怕面对再大的困难,都能做到无所畏惧、勇往直前,从而实现自我价值,实现梦想。

有这样一个人,身高不足1.6米,却被称为"电子时代大帝"。他24岁时成立软体银行,投资过约800家互联网中小企业,在10年间的投资回报达9倍之多,是网络业中全球投资回报最高的企业。他就是孙正义,软银集团的创始人,现在是该公司的总裁兼董事长。他在不到20年的时间内,创立了一个令所有人惊叹的网络产业帝国,成就了无数互联网人的梦想。

据孙正义自己透露,他投资的互联网企业中有100家破产了,但绝大多数都生存了下来,相当一部分如阿里巴巴、雅虎等更取得了非凡的成功。在他看来,失败不是最致命的打击,失败的企业与成功的企业相比,除了运气的因素以外,主要的区别还在于管理层是否有创业激情。凭借创业激情,那些成功的企业总是能够吸引人才,找到解决困难的方案,渡过难关。

领导者的激情一般都来自于挑战,大多数领导者总是乐于寻求富有意义的挑战,希望所做的事情能够挑战自己的能力极限。有人说孙正义是个疯子,他自己也更喜欢疯子。在孙正义看来,自己的创业是先有激情,然后设立愿景,最后确立战略。

激情是生命力的象征,有了激情,梦想就有了希望。人的价值可以通过成就一番事业的方式来实现,创造的价值越多,收获的回报也就越多。有时候,你无法控制自己的工作环境,但是可以选择自己的应对方法。只需要稍微努力,你就可以让自己开心起来,并带着激情继续自己的工作。

每个人每一天都要工作、生活,如果以消极的态度去面对,换来的只能是一般的结果甚至更差;如果能抱着积极的态度,把每一天当作新的一天来看待，保持对现有工作的敬仰和对未来的不懈探索，那么，潜伏在内心的激情就会随着我们的全身心投入而点燃。无论从事什么工作，只要点燃内心的激情，它就会引领我们成就自己的梦想。

3.在诱惑面前保持清醒

做企业，其实跟做人没有太大的差别。一个人，如果懂得牺牲、奉献，就会有一种舍的心态。这种心态可以让他在巨大的诱惑面前保持清醒，而清醒正是一个人成就自我的基石。企业也一样，一个企业家，如果有牺牲和奉献的精神，那么在面对机会的时候，就能够保证不疯狂，不仅能够看到其中的利益，更能够看到其中的风险。这种风险意识，是支持企业实现良性发展的保障。

20世纪90年代初是房地产业的发展期，也是这个行业的疯狂期。那时候，人们疯狂逐利，拼了命地想把自己的事业做大，采取了很多自杀式的经营方式。很多企业为了扩张，借钱做生意，结果往往是规模大了，表面盈利多了，但负债也更多了。冯仑等人建立的万通地产也经历过这一阶段，不过，他们最终保持了清醒，止住了发展，重新回归了理性。

想要做到这一点，需有一种牺牲精神，因为牺牲的背后是对利益的淡漠和不在意，可以让人保持头脑的清醒。

格力空调的董明珠说过，曾经有很多其他企业(做冰箱、彩电、洗衣机的都有)来找格力，希望贴格力的品牌，但考虑到具体情况，如人力、物力等,格力都拒绝了。格力只做空调,从家用空调做到中央空调,格力始终认为市场份额是存在的,市场是无尽的。专业化可以使一个企业始终保持压力,必须不断向前,不断进步,"在专业化上越做越好,越走越远"。

在这一点上,格力所表现出来的坚定和清醒是非常难能可贵的。面对众多鼓噪者的指责,"我自岿然不动",正反映出了格力战略家的气质和专业化战略运用的娴熟。有了这份清醒,自然就能将自己的事业做得更大;如果没有这份清醒,而是错判形势,那么,即使企业不走向毁灭,也要遭遇重创。让企业循序渐进,可以保持良好运行的状态。有了这个基础之后,碰到机遇,就可以第一时间抓住,因为根基已经打得很牢靠了;而遭遇变故的时候,也能有更多的回旋余地,因为良好的根基为其赢得了更大的周转空间。这一切,都源于清醒的头脑和爱思考的心。

多年来,潘石屹一直专注于房地产开发销售,很少涉足其他行业。"我对在万通的那段经历做了反思,万通当时最大的问题是多元化经营,摊子铺得太开,到全国各地去投资。所以我得到的教训是,一定要专业化经营。1995年年初从万通出来后,我就下了决心,今后只做房地产一项。"

曾经有一个小伙子眼泪汪汪地跟他说,自己有个电池项目,希望他能给予投资。这让潘石屹动了恻隐之心,但他最终还是坚持只做自己熟悉的行业——卖房子。

2004年,潘石屹和夫人张欣遇到了一些商业机会,张欣不以为然地说:"不要太看重机会,而要想办法建设好自己的建筑,不光口头上这样说,而且要这样做。只有全身心地去做一件事,你才能感动周围的人来帮助你,你也才能把事情真正地做好。任何投机取巧的事都不要去做,也不要去想。"

张欣的话对潘石屹触动非常大。潘石屹想,自己就会盖房子,也喜欢盖房子,中国正迎来一个建筑时代,需求大,单件商品的消费额大,很有前途。

"如果你要问我为什么不做别的行业,大家都知道我不是没有钱做,而是'我听不明白的不做',这就是我的投资原则。"潘石屹认为,"突然进入其他行业的'门外汉',要想进入该行业的领导者行列都是小概率事件。每一个充分竞争的行业都有(各种)有形和无形的门槛,只有积累了很多年的商业感觉、人脉资源和实力的公司,才能成为该行业的领头羊。"

20世纪90年代,潘石屹去了美国,美国华登基金董事长陈立武找他谈,让他投资高科技;后来,一位叫彼得刘的也找潘石屹谈,要他出钱建"信息高速公路"。基金公司的经理们每次见到潘石屹都会大谈投资IT的商业前景。谈了六七次后,彼得刘说:"小潘,你不投,我们没有办法,只有找另一个合作伙伴了。"后来潘石屹听说,他们找的这个合作伙伴名字叫"四通立方",他们合作的产物就是新浪网。

多年后的今天,潘石屹再提起这些往事时颇有些感慨:"如果当时谈好了,现在新浪网就是我的了。"不过,这并没有动摇潘石屹的投资原则——"听不懂的不投"。

管理者在春风得意的时候一定要保持头脑清醒;在遭遇挫折的时候,一定要保持顽强的斗志。得意时清醒,可以避免因自大而做出错误的决定;失意时坚强,可以保证自己还有重新再来的机会。而这一切,必然要有一定的牺牲精神作为后盾。只有有了一定的牺牲精神,才能获得一种达观的心态。当一个人抱着牺牲的态度去做事的时候,就不会被巨大的利益冲昏头脑。只要头脑清醒,自然就会有正确的决断。

成功的人是有能力的,但也是更容易犯错的。因为成功之后,人们往往会陷入一种自我崇拜感中,认为自己很伟大,能够做别人做不到的事。也正因为如此,才导致了一种现象:那些成功者取得的成就是巨大的,但一个曾经成功的人,所犯的错误以及失误后产生的损失也是巨大的。一个普通人,在工作上出了点差错,顶多是同团队的人遭受些损失,而且很好弥补;但如果是一个企业家在工作中出了差错,遭殃的就是一个企业,而且往往难以弥补。

一只水桶能装多少水是固定的,一个地基能够承受多大的建筑也是有极限的。只有在这极限内,才能获得自己想要的水,才能建成自己满意的建筑。如果让它们承受太多,不仅无法得到自己想要的,还会让水桶破裂,或者使建筑垮塌。

经营企业也一样,这个限度不是规模上的,而是速度上的。在一个合适的速度下,企业总有一天会成长壮大;但如果扩张速度过快,迟早会导致企业的亏损。

作为一个管理者,要对自己有一个清晰的定位,也要对自己的企业有一个清晰的定位。要有可持续发展的精神,不要想着天上掉馅饼的好事,更不要被短期的利益蒙蔽了眼睛。

4.要"熬",也要"折腾"

作为一个管理者、企业家,不仅要有强大的能力,还要有一份激情;不光要做到坚韧、从容,还要有魄力,能够直面困境,找到出路。总之,要爱"折腾",因为对管理者来说,"折腾"的过程就是成长的过程。只有经历得足够多,才能积累更加丰富的经验。

冯仑就是一个爱"折腾"的人。他本来是一名政府公职人员,工作稳定,待遇好,也有一定的社会地位。但他并不满足于此,觉得这样的生活太过平淡和单调了。于是,他下海创业,招来了一帮朋友,共同成立公司,开始了商业之旅。

做生意的时候,冯仑也是能"折腾"的。万通刚开展业务的时候很顺利,扩张很快。但接着,几个人便发现了问题,欠债过多,于是开始变卖资产还债,然后兄弟们和平分手,冯仑自己接掌万通。这中间的一系列过程,也是"折腾"的过程。如果没有一颗爱"折腾"的心,万通初期就不会经历那么大的波折。按照一般人的想法,沿着一条路走到黑,或者看到光明,或者坠入深渊,然后结束就可以了。

接掌了万通之后,冯仑也没有闲着,继续做房地产,但改变了以前的方向。这也是"折腾",而且这次"折腾"是完全成功的,让万通进入了稳定的发展期。

事业虽然稳定了,但冯仑并没有稳当,他还抽空考取了一个博士学位。在一般人眼里,冯仑的这种做法是完全没有必要的,不过是瞎折腾罢了。他已经是大公司的董事长了,不缺钱也不缺名,何苦又走进校园受那些煎熬呢?可冯仑不这么认为,他觉得自己考学位跟之前的下海、不断调整公司方向一样,是有益的,且从某种角度讲是必需的。在别人看来,冯仑是没事找事,但在他自己眼里,这是在充实自己,让自己获得更高的成就。

获取学位之后,冯仑又开始做别的事情,如组织商会、举办各种论坛等,俨然又成了一个社会活动家,而且还经常做慈善,"折腾"得风生水起。

冯仑做这些,都是有目的的,也是有益的。下海是为了实现自己的人生价值;不断调整公司的经营方向,是为了让公司更好地发展;读书是为了充实和提高自己,让自己有更高的眼界;组织商会是为了结交更多的商业伙伴,同时也从其他企业家那里获得信息和经验;而做慈善则是为了承担属于自己的责任,回报社会。冯仑做的这些,是折腾,但不是瞎折腾。他每"折腾"一次,都能让自己获得提高,让事业越来越好。这是一种智慧。

人生就是一个不断"折腾"的过程:只有不断"折腾",人才能变得越来越成熟,事业也才会越来越成功;企业想要获得成功,也需要不断"折腾",通过"折腾"可以发现缺点,然后改正,也能看到自己的优点,之后发扬。企业家的激情,就是不断"折腾",然后在"折腾"中展示自己,发现自己,成就自己。

在互联网行业中,有两个绕不过去的人,他们本是朋友,后来成了对手,他们都在互联网行业坚持了很多年,是元老级别的人物,很多后来的互联网大佬,当年都做过他们的手下。他们创建过很多公司,但也遭遇了很多失败。不过,最后他们都成功了。这两个人,一个是前面说到的小米的雷军,另一个是360的周鸿祎。

周鸿祎是一个很能"折腾"的人。最开始的时候,他做的是搜索,即3721。当时他做得很成功,在搜索领域跟百度平分天下,甚至一度领先于百度。但后来他失败了,如今已经很少有人还记得3721了。

在百度大幅度占领了市场份额之后,周鸿祎带领自己的团队去了雅虎。在雅虎,他的业绩非常好,率先在中国把电子邮箱推广到了G时代,对网易造成了很大的威胁。在那之前,网易凭借邮箱技术独步中国,相比竞争对手,有着绝对的优势。但这一次,网易感受到了压力。周鸿祎凭借自己的努力,迅速拿下了中国邮箱市场第二的位置,这使得除了网易和雅虎之外,其他的邮箱网站基本失去了立足之地。

尽管业绩很出色，但他最终还是没能得到自己想要的成功，最后，周鸿祎不得不再次出走……

经过了无数次的"折腾"之后，周鸿祎于2006年推出了"360安全卫士"，以清除流氓软件为卖点，迅速打开了市场。这一次，他让广大互联网用户彻底认识了自己。

不过，产品成功之后，麻烦也来了。由于360是以电脑卫士的身份出现的，旨在清除流氓软件，因此得罪了很多同行。第一个向周鸿祎发难的就是他的老东家雅虎中国，双方唇枪舌剑，一时间成了网络热点。而这边战争还没有结束，那边马云又向周鸿祎发起了进攻，致使战局越来越乱。当然，这种口水战肯定是无法分出胜负的，最终也只能是不了了之。

周鸿祎面对的责难才刚刚开始，从那之后，他就没有停止过"折腾"，不断跟别人打口水战，先是跟金山，后来是腾讯……

周鸿祎的创业史，就是一部"折腾史"，但在不停"折腾"当中，他不但没有倒下，反而越战越勇，公司越做越强。当然，在这不停"折腾"中，他也有坚持，那就是一直在做互联网。在互联网界，他是一个熬了无数年的人物；在具体的经营上，他则是一个不断"折腾"的人。

暂且不论周鸿祎跟其他人的口水战中，到底哪一方占理，哪一方理亏，只说他这种打不倒的性格，就很值得企业家们学习。做企业，靠的是市场，是客户，但归根结底，还是要靠管理者。作为管理者，最重要的就是坚强，要有创新意识，而这些靠的就是"折腾"。在遭遇困难的时候，为自己"折腾"出一条路；在身处辉煌的时候，为自己"折腾"出一个未来。

这不仅要有一种强大的进取性格，更要有一定的经验。

首先,管理者要培养自己的危机意识。有了危机意识,才能有"折腾"的意识。因为危机意识会让人不满足,推动人们前进。

其次,要有眼光。折腾不是胡闹,而是有目的的,是为了让自己更好。如果仅仅是为了折腾而折腾,那你离失败也就不远了。

再次,要有韧劲,不怕吃苦。很多人都喜欢安逸,安逸确实可以给人好的体验,但也会让人丧失机会。只有不怕吃苦、敢于挑战、勇于"折腾"的人,才能拥有更多的机会。

在冯仑看来,困难不可怕,放弃才可怕。他根据自己这些年在商场摸爬滚打的过程,总结出了两个词,一个是"折腾",一个是"熬"。

也许你会觉得这两者之间是矛盾的:所谓"熬",在更多人看来,就是等待、蛰伏;而"折腾"就是不停地弄出些花样来。这两者之间,好像是对立的。其实,在冯仑那里,它们不是对立的,而是统一的。

冯仑所说的"熬",指的是精神上的,也就是说,不管遇到多大的困难都不能放弃,要在内心给自己鼓劲,要有坚持下去的毅力;而"折腾",则是行为上的,在遭遇困境的时候不能放弃,但也不是坐着等待,而要想尽办法走出困境。

总之,企业家一定要明白:"折腾"是前进的手段,"熬"是坚持下去的动力;一个是精神支柱,一个是经营手段。将这两者做好了,企业自然能够屹立不倒。

5.以平常心做寻常事

平常心就是"心常平",让心始终保持在平静的状态,才能以不变应万变。平常心也是平淡的人生态度,或者普通人的生存态度。只有拥有这样的态度,才能真正体验人生,培养出自己朴实、扎实、平实的作风。冯仑认为,对于企业家而言,平常心非常重要,只有拥有了平常心,才能办好企业。

然而,冯仑并不是一开始就认识到了平常心的重要性,他也有过因个人欲望干扰而失去平常心的经历。

1996年至1997年,万通收缩调整,冯仑因为没有能够控制好自己的欲望,险些给万通带来万劫不复的灾难。当时,万通在全国13个城市都设有分公司,冯仑到哪儿都有大饭店住,打一个电话就有人送钱来,这让冯仑有些忘乎所以。他只顾自己的愉快,却忽略了公司的财务状况。如果再这样下去的话,即使再有钱的企业,也会受到不小的影响。

冯仑意识到这一点以后,及时调整思路,以平常心看待自己的事业和人生。之后,他逐渐压缩各个城市的业务,最后只剩下两个半城市,以前的不少业务人员都跑了。在最动荡的时期,万通连车子都卖了抵债,出门只能坐出租车,或是找朋友接济。就这样,冯仑放低姿态,控制了自己一心追求"大规模"的欲望,以平常心看待一切,终于使万通活了下来,成了"剩下"的企业。

从冯仑的个人经历看,平常心不仅在企业经营中起着重要的作用,对个人的生活也同样重要。据冯仑自己说,他曾经经历过离婚和家庭变故,但现在,他已经能很平和地看待这些了。这就是平常心的作用。

史玉柱的巨人集团在短短几年时间就经历了由盛而衰的过程,与平常心的缺失有直接关系。

20世纪80年代末期,中国还处于计划和经济混合的环境下,是一个求大于供的卖者时代,买卖信息相当不对称,尤其是一些所谓的有一定技术含量的产品和服务。所以,当时只要抓住机会,勇敢投入市场,几乎都能取得成功,很多"富翁",或者称为"暴发户",都在那时集中涌现出来,史玉柱就是其中之一。

1989年,史玉柱承包了深圳科技工贸公司电脑部,很快就取得了成功,也为创建巨人集团奠定了基础。到1991年,他创建珠海巨人新技术公司,利用买者缺乏选择性、判断性和比较性的环境,不断地推出新产品。到1993年,巨人已经成长为一个大企业,年销售额近5亿元。国家领导人对他相当关注和重视,他也成了中国改革的风云人物。

后来,巨人打算盖一座超出自己财力的大楼,也就是巨人大厦。这座大厦原来准备盖38层,后来不断增高,最后竟然加到了70层。史玉柱对此解释道:"38层的想法出来不久,1992年下半年,一位领导来我们公司参观,看到这座楼位置非常好,就建议把楼盖得高一点,由自用转到开发地产上。于是,我们把设计改为54层。后来,很快又把设计改为64层。此中有两个因素:一是设计单位说54层和64层对下面基础影响都不大;二是我们也想为珠海市争光,盖一座标志性大厦。当时,广州想盖全国最高的楼,定在63层,我们要超过它。1994年年初,又有一位领导来视察珠海,同时要参观巨人集团,我们大家觉得64层有点犯忌讳,集团几个负责人就一起研究提到了70层，打电话向香港的设计师咨询，对方告之技术上可行，所以就定在了70层。"

巨人大厦最初预算为2亿元，工期2年，加高到70层后，预算变成了12亿元，工期拖长到6年。后来，史玉柱将巨人的所有流动资金都投入到了巨人大厦的建设上，加上在香港卖楼花的钱，依旧填不满这个黑洞。最终，巨人大厦没有盖起来，而巨人集团却走上了绝路。

巨人集团的教训可谓惨重。其倒掉的主因，在于企业的领导者史玉柱贪多求大、过于冒进，缺少循序渐进的平常心。按照冯仑的说法，就是在"大"上跟人较劲儿，而没有在"好"上较劲儿，没有在"愉快"上较劲儿。

企业要想办好，企业领导者就必须要有平常心。这就要求企业在合理控制自己欲望的同时，还要多找平衡，比如过去、现在、未来的平衡，公司内外的平衡，资产和负债的平衡，新项目与旧项目的平衡，等等。如果能够找好这些平衡，企业必定会有很大的提升。

6.决定伟大的两个根本力量

冯仑认为，决定伟大有两个最根本的力量：一是时间，二是合作伙伴。

首先是时间，能够持久的事情，才可能成其为伟大。

冯仑认为，一件事是否伟大，需要靠时间来作出判断。阿拉法特毕生致力于争取恢复巴勒斯坦人民合法民族权利的正义事业，一做就是45年，他曾距离他的梦想很近。但进入新世纪不久，巴以局势风云突变，急转直下，阿拉法特最后还是没有完成他的夙愿，只落得抱憾而终的下场。冯仑认为，这并不影响阿拉法特的伟大，因为这45年时间已经让他变成了一个传奇。或许，这也是冯仑崇拜阿拉法特的原因。

同阿拉法特一样，南非民族解放运动的领袖曼德拉也是一个因时间而变得伟大的人。曼德拉43岁时因为领导反对白人种族隔离政策而入狱，被南非政府以政治煽动和非法越境罪判处5年监禁。后来，他又被指控犯有阴谋颠覆罪而改判为无期徒刑，从此开始了漫长的牢狱生涯，被白人统治者关在荒凉的大西洋罗本岛上长达27年之久。

罗本岛上岩石密布，到处都是海豹、蛇等动物。曼德拉被关在总集中营的一个锌皮房里，白天打石头，将采石场采的大石块碎成石料，有时还要从冰冷的海水里捞取海带。他每天早晨排队到采石场，然后被解开脚镣，下到一个很大的石灰石田地，用尖镐和铁锹挖掘石灰石。因为他是要犯，所以有3个人专门负责看守他。那3个人对他很不友好，总是寻找各种理由虐待他。在这20多年的岁月里，曼德拉可谓受尽了迫害和折磨，但他始终坚贞不屈。直到1990年，他才逃离这种生活。正是这20多年的时间使曼德拉变得伟大。所以说，做任何一件事情，时间是最重要的。

冯仑说，当所有聪明人都会去做一件事的时候，他们的决策就会变得非常愚蠢。因为这个机会所有的聪明人都看到了，他们都想快点赚钱，所以竞争就会变得异常激烈。在这种情况下，他们的机会就会变得非常渺茫。反过来说，一个愚蠢的人做了一个谁都不相信的愚蠢决定，每天都慢慢地进行，但因为他没有竞争对手，即使做了20年，他也要比那些聪明人成功的机会大得多。所以说，聪明人和笨人不是一成不变的，他们会随着时间的变化而互相转化，时间使聪明和愚蠢不断颠倒。

选择合作伙伴是决定伟大的第二个因素。花同样的时间，和伟大的人一起做，你就会变得伟大；和平庸的人一起做，你只能沦为平庸。

冯仑在纽约做世贸项目的时候，有一种很特别的感觉，他认识到所谓创造历史，就是在伟大的时刻、伟大的地点和一群伟大的人做一件庸俗的事。具体的事情都很庸俗，讨价还价，只是时间、人物、场合是伟大的，结果，这些庸俗的事改变了历史。由此可见，选择合作伙伴非常重要。如果选对了合作伙伴，那么，即使是做平庸的事，也会产生伟大的效果。

综上所述，合作伙伴加上时间是产生伟大的基本条件，是比伟大还要伟大的力量。

但是，伟大不是一成不变的。当你有一个自然的状态、创造的状态、荒诞的感觉，同时既能坚持，又能不断创造，并且拥有价值追求的基因时，你实际上就已经融入了最具有魅力的状态，睿智、宽容、强大、坚毅、勇敢、自我牺牲，这些都加在一个人身上，无限的魅力就出现了。这样一个增加魅力的过程会被无数人崇拜。所以，伟大又是一个"增魅"和神化的过程。但遗憾的是，随着历史的变迁，是非的沿革、社会的动荡、制度的崩坏和重建使这个魅力的过程忽然坍塌，成为了一个"褪魅"的过程，使伟大归于世俗。

在冯仑看来，"增魅"和"褪魅"是一个不断交替的过程，它们会在伟大和凡人之间交替，会在历史长河中翻上翻下。经历这样的过程后，最终伟大的人物被历史定格为一个是非的节点，不断被人提及、评述。人们会把各种各样的看法加诸到他们的身上，他们的想法和所作所为会被后人进行褒贬评说,最后,这些伟大的人物就成了不断左右历史前进的动力,这也是伟大的结局。

冯仑说,当一个人内心激动而心中又怀有伟大的理想时,他的人生过程将会非常精彩,他将拥有多数人没有的毅力,能够做到多数人不敢作出的决定,奉献出多数人不能奉献的财产,甚至牺牲生命也在所不惜。

第三章

好朋友是一生的财富

....

1.朋友相帮,做任何事都不难

俗话说,一个篱笆三个桩,一个好汉三个帮。一个人不管有多大的能力,仅靠自己是无法完成所有事情的,必须靠他人的帮助。朋友,或者愿意帮助你的人,其实也是你资产和能力的一部分。若是身边有一批这样的人,不管做什么事都不会太难。

创业初期,冯仑他们就体验到了那种众人相帮的感觉。

万通公司刚成立的时候,几个人手里的钱并不多,大都是东挪西借来的。不过,他们的合伙人数量众多,认识的人加起来也很多,所以有很多人帮助他们。

在发展的最初时期,他们是依靠朋友的帮助做起来的。那时候,万通的摊子铺得很大,业务遍布全国各地。那时候,他们一共走了13

个城市，可是不管走到哪里，他们兜里都是不带钱的。到了当地之后，他们会给自己的朋友打电话，跟朋友借钱。朋友们也都很仗义，接到电话后，都会积极地把钱送过来。冯仑说："虽然那时候的钱都是借来的，但心里很高兴，很满足，也很快乐。"

这份快乐不仅是因为有人关心、在意自己，也是因为生意的发展。有了足够的资金，自然就可以上马更多的项目，从而赚到更多的钱。可以说，万通在成立之初就能取得快速的发展，不仅是因为那时候的市场空间大、合伙人经营手段高，也与朋友的鼎力相助分不开。

冯仑一直是一个很重感情的人，也是一个乐于经营感情、与朋友共事的人，正因为此，他才会在创业的时候招来一批人一起做。生意做大之后，他也没有改变这一看法。冯仑人脉很广，王石、柳传志等都是他的好朋友。

冯仑不仅喜爱交友，也热衷于组织各种活动。他参与并组织了很多论坛式的企业家聚会，将各个领域的企业家朋友组织到一起，大家一起谈论商业、管理，一起谈论未来。他说，这些聚会上的讨论，往往比媒体组织的那些活动更深刻，也更有价值。正是通过这类活动，冯仑获得了更多的生意机会，也从别人那里汲取了更多的营养。

朋友，不仅能在痛苦的时候给我们安慰，还会在我们需要帮助的时候伸出援手。一个人，如果只是有钱，未必能够创造一番事业，但要是有一帮愿意帮他的朋友，创立事业就相对容易多了。现代社会是一个高度精细化的社会，越是精细化的环境，越是需要彼此的协作和配合。这时候，朋友，这个我们了解也了解我们的人，就显得更重要了。

有人说，圈子决定未来，人脉决定事业，这并非无稽之谈。有了更多的朋友，不仅可以保证自己遇到困难的时候有人帮助，还可以获得很多不同的信息来源，这是一个管理者、一个企业经营者所必需的。

在众多科技企业中，阿里巴巴绝对是一个十分耀眼的存在。它不仅方便了人们的生活，甚至改变了人们的生活。在阿里巴巴出现之前，人们买东西都要去商场，走很多路也未必能看到自己喜欢的；阿里巴巴出现之后，一切都不同了，坐在家里就可以看到丰富繁多的商品，只需轻轻一点鼠标，就能够买到自己喜欢的东西。

当年，马云决定创业的时候，并不被大家看好。他有了做互联网的想法之后，找了20多个朋友到家中，跟他们说了自己的想法，结果只有一个人支持他辞职创业。但这个人也并不是觉得互联网多有发展前途，他的理由不过是想要做什么就去做，省得以后后悔。虽然身边的朋友都不太支持马云的想法，但他们还是乐于帮助他的。马云就是靠着朋友的帮助，才筹集到50万元的资金，开始了自己的创业生涯。

可以想象，如果马云没有足够多的朋友，没有人愿意帮助他，那么，即使他最后走上了创业之路，怕也要晚上一些时候，因为筹钱本身就要花费很多时间。

不仅是创业初期的马云需要朋友们的帮助，企业做大了之后的牛根生也一样。蒙牛诞生之后便迅猛发展，很快成了国内知名的大企业，但这个过程并非一帆风顺，在经营上也曾遇到过问题。

2008年，蒙牛股价大跌，为了防止市值流失，被人恶意收购，牛根生向自己的同学张口借钱，以期融得更多资金，让蒙牛重新崛起。当时，很多人都向他伸出了援手，著名企业家、新东方的创始人俞敏洪第一时间就借给他5000万元，而联想集团的领头人柳传志也在听到消息后紧急召开了董事会，最终决定借给蒙牛集团两亿元资金。牛根生的一些商学院同学也纷纷表示，如果需要，随时会打钱给他。

就是靠着这些人的帮助,蒙牛重新站了起来。

冯仑和牛根生都是非常优秀的企业家,有经营企业的能力,也有让企业成为行业领头羊的能力。但即使是这样的人,也离不开朋友的帮助。任何人,哪怕是天才,也无法仅凭自己的力量去创造一片天地,必然是需要帮手的,而拥有帮手也是能力的一部分。

想要让自己的事业更加辉煌,有更广阔的空间和更大的作为,离不开朋友的帮助。朋友就是资本,也是一个企业家能力的体现。

2.按规矩做事,循情理做人

冯仑有一句话,叫"纽约方式做事,中国方式做人"。

所谓"纽约方式",也就是美国方式,或者可以说是西方的方式。西方人比较直接,重视制度,淡漠人情。他们一般都是有话直说,强调按照规矩做事,是外向性的。而中国的方式,或者说东方的方式,则是相对内敛的,讲究谦和礼让,尤其是与人交往的时候,强调给别人留一点余地。

两者是不同的,但绝对不是对立的。然而,很多人却将两者对立了起来,让它们变成了二选一的关系。在处理这两者的关系时,冯仑的主张是按照西方人的思维做事,按照中国人的方式做人。

所谓按照西方的方式做事,就是两个人或两个企业在合作的时候要确立一个具体的规矩,让这个规矩约束众人的行为,一切以这个规矩为准绳。这样的方式,能够节省很多沟通成本,也能避免许多不必要的麻烦。

但是在做人方面就不能这样,西方那种直接的方式很容易伤害到别人的感情。因此,在做人的时候要遵循东方的原则,即懂得给人留余地、面子。这样,即使有些不愉快也不会闹得太僵,下次有机会还可以相逢一笑泯恩仇,继续合作。

冯仑没有将两者对立,而是将两者统一了,让两种思维方式各自发挥优势。这样一来,我们不管是在做事还是做人的时候,都能够应对自如,有很大的余地。这是一个企业家的智慧。

有一次,冯仑与一个合作伙伴因为生意上的问题发生了一些矛盾,双方闹得很不愉快。这时,冯仑的一些美国朋友劝他说应该起诉那个人,让他付出代价。但冯仑没有听从这个劝告,而是采取了中国人的处事方式,给对方留了一点余地。冯仑解释说,自己这么做,不是懦弱,而是看重未来。双方在这次的合作中确实有些不愉快,但这并不是什么原则性的问题,以后如果机会合适,还可以再合作。而且从长远的角度来看,如果以后真的有合作的机会,这次摩擦反而是有益的,因为它让双方更加了解彼此了。冯仑说,这是中国式的智慧,是有大道理在里面的。

抱持着同样信条的,还有华为。

众所周知,华为有着非常强悍的企业文化,他们讲的是狼性。不管是华为跟其他公司的竞争还是华为内部对员工的要求,都是很高的。很多曾经在华为工作的员工提起在华为的日子,都是一个评价——压力大。因为在这里,要做的是最前沿、最具挑战性的工作,面对的是最强悍的对手。而且,华为还有着严格的考核机制,可以说,想在华为生存下去,非常不易。

很多人都觉得华为做什么事都按照规矩来,显得很冷酷,没有人情味。其实,华为也有着温情的一面。

在华为，员工是允许犯错误的，但也有一个红线。员工在工作中可以因为能力不足而犯错，也可以因为一时疏忽而犯错。有了这样的错误之后，只要知道改正，知道继续努力，就可以获得升迁的机会。但有一种错误是不被接受的，那就是欺骗。

很多年轻人为了能够进入华为这种大公司，会想很多办法。比如，有的有能力，但是学历不够，或者觉得自己的学校不够好，拿不出手，会用制作假学历、假毕业证的方式获得敲门砖，从而进入华为。

虽然华为公司的人力很严格，但也无法准确分辨出证件的真假，尤其是在毕业证不能联网查询的时候。因此，很多人靠着一纸假文凭进入了华为。

在华为内部，发现这样的事例肯定是要辞退的，这是原则问题。不过，他们并不是直接指出那个人的错误，而是采取一种暗示的方式，如调换岗位、降低工资等，让那人明白自己曾经的欺骗被识破了，从而主动离开。

按规矩做事，循情理做人，不仅应该是一个企业家的追求，更应该是一个企业的信条。在做事的时候，我们要按照西方人的方式来，讲规矩，遵循制度，这样的公司，自然有人愿意与之合作；而在做人上，要知道体谅别人，懂得换位思考，明白不管干什么都要给别人留一点余地。

3."万通六君子"的聚散离合

1988年,冯仑受国务院体制改革委员会下属的中国经济改革研究所委派,到海南筹建海南改革发展研究所,担任常务副所长之职。冯仑当时负责招人、组织研究队伍等事情。就是在那时,他结识了潘石屹、王功权、刘军、易小迪和王启富,为日后开创"万通"奠定了基础。他们6个人后来因为都取得了辉煌的成就,所以被人们称为"万通六君子"。

他们如今都成了商界呼风唤雨的人物。潘石屹开发的"SOHO"系列成了地产新贵;易小迪搞起了阳光100集团;王启富成为了"海帝地板"的总裁;王功权转行创办"鼎晖创投";刘军重归农业高科技投资,在四川从事农业项目,做着果蔬保鲜、储藏加工和营销的买卖。

冯仑与他们的相识说起来十分偶然。

1988年,冯仑首先认识了王启富和易小迪,又通过王启富认识了王功权,但当时还不认识刘军,也不熟悉潘石屹。后来,王启富和易小迪与潘石屹因缘际会,有了一些交往。

1989年,冯仑与南德公司驻海南代表汪兆京相遇。汪兆京是个了不起的人物,他帮助牟其中做成了飞机生意,在牟其中手下担任重要职务。冯仑从他那里得知了牟其中的很多事情,在他的说服下去了南德。

冯仑投奔南德牟其中后,王启富和王功权也都先后跟了过去。在王功权的努力下,刘军和他们三人在南德相聚。这4个人在南德都得到了重用,冯仑担任办公室主任兼西北办主任,刘军担任西北办副主任,王功权担任天津投资公司副总经理兼办公室主任,王启富担任法律室副主任。他们的关系因此更加紧密了,经常探讨一些人生问题,这为他们后来的合作打下了坚实的基础。

1991年,冯仑四人离开南德。在南德公司的几年时间里,冯仑学到了很多经商之道,对商业进行了深入的思考,这对他日后的发展影响很大。

他们返回海南,找到了开印刷厂的易小迪,合资注册了一个公司,后来又找来了潘石屹,正式凑齐了"万通六君子"。

当时,他们的条件非常艰苦,这在《野蛮生长》里也有反映:"(当时)我们没有钱,每个人便根据各自的情况分别借了一些。王功权向丈母娘借了一些,王启富跟家里借了一些,我向深圳一个老板借了一些,刘军向朋友借了几千块,易小迪拿了印刷厂的8000块,合起来有3万多块。这些钱大都用在了注册公司等前期费用上,当时也只能注册类似皮包公司一样的公司,注册资金是1000万人民币,拿到执照的时候还剩下几百块钱。过了半年,易小迪把潘石屹找来了,做财务部工作,负责我们第一单房地产业务的销售,他的销售才能在那个时候就显现了。"

尽管那个时候万通只有3万元,但这并不妨碍他们赚大钱。那时候,冯仑他们找到了一个8栋别墅的项目,但他们那3万块钱肯定什么都做不成。于是,冯仑找到一家投资公司,希望能够得到人家的资助。他向对方描述了一种全新的房地产经营模式,这种模式只需花很少的钱,就能做很大的项目。他告诉对方,万通出资1300万元,对方只需出资500万元就行。对方觉得有利可图,就答应了冯仑。后来,冯仑骑着一辆破自行车去亚运村和对方签订了协议之后,就拿别人出的500万元现金做抵押,从银行贷出了1300万元。就这样,他们用这1800万元买进了8套别墅,包装之后高价卖了出去,总共赚了300多万元。

这就是万通的"第一桶金"。后来，冯仑接受媒体采访，还谈到了这件事："创业的时候，大家都是资源全面短缺、匮乏，而不光是钱的问题。但是你怎么样发挥你的优势来启动别人的资源，所有的民营创业者都面临这个问题。对于我来说，我当时唯一有的资源是什么？两件事情，现在回头来总结，第一在机关里工作过，有一个不错的出身，就是说是一个很认真、很有资源分配能力的人……"

的确如冯仑所说，资源的全面短缺和匮乏是很多人创业时都会面临的挑战。"万通六君子"正是充分发挥了每个人的资源，如冯仑的关系，潘石屹的销售能力，才使万通逐渐强大起来。

冯仑在《野蛮生长》中写道："按照(万通的)历史进程看，缺了谁都不行，每个人的作用都是百分之百——他在，就是百分之百；他不在，就是零。"

1991年6月，他们在海南成立了海南农业高技术联合开发投资总公司(万通的前身)，做的是"农业开发"的买卖，本质就是地产开发。当时王功权是法人代表、总经理，冯仑和刘军是副董事长，王启富是办公室主任，易小迪是总经理助理，潘石屹主管财务工作。可以说，这种分工完全发挥了各自的特长，称得上是当时最成功的资源组合。

赚到了钱，他们都很高兴，但很快就出现了令他们头疼的问题——"排座次"。这个问题之所以"头疼"，是因为不仅说不清，而且没有依据。

冯仑后来回忆说："没法说最初的钱哪个算股本，后来算股份的时候也没有办法分清楚。别说没法算，那时我们连懂都不懂，又没有《公司法》，大家说个事连个依据都没有。"

最后，他们只好按照《水浒传》中的"座有序，利无别"的原则排列,在确定股权时采取平均分配的方式,把公司分成6份,一人一份。此外,他们还成立了常务董事会,一起商讨重大决策。

这种公司结构,在1995年之前还是很有成效的。6个人能够很好地处理各方利益,因为当时的发展核心在海南,大家能够经常见面。但是,随着业务在全国各地的发展,通信技术落后,他们的沟通受到了限制,引发了信息不对称的问题,这就使得他们在一些事情上出现了分歧。另外,尽管在收益上保持着"平均主义"的原则,但是由于事业导向和个人能力、精通专业的不同,他们对生意的看法和理解出现了比较严重的分歧,导致资源结构和利益结构发生了变化。后来,随着时间的推移,每个人对公司的看法和理解都有所不同,有的人不愿意做商业,有的人不愿意做金融,公司的发展战略也产生了重大改变。冯仑认为,由于资源的分配导致对业务方向的看法不同,加上有时互相妥协,造成的结果是6个人都失去了权威,这时,分家显然成了必然的趋势。

万通当时的问题和其他的民营企业不同,他们之间没有金钱的矛盾,只是在公司发展战略和企业管理上发生了不可调和的矛盾。这是一种深层次的矛盾,比金钱上的矛盾更难解决。他们6个人因为特别熟悉,又有共同的价值观基础,所以都不想分开。1994年到1996年的时候,他们没事的时候经常聚在一起讨论该怎么走,有的人甚至难受得哭了。可以看出,对于将要发生的事情,他们每个人都显得非常痛苦。事实的确也是如此,他们之间的感情是非常深厚的,冯仑在《野蛮生长》记述的一件事就反映了他们之间深厚感情。

当时在海南我们卖出去一块地,赚了5000万元,后来买方出事了,他们反过来咬我们一口,说我们有问题,想让我们把钱退给他。相关部门立了案,有大领导指示封我们的账,王功权在海南很难决定妥协不妥协,其他人都觉得我们没犯法,但王功权判断危险非常大，有可能会被置于死地。最后，他含着泪，拎了电话不听我们的，答应人家签一个城下之盟。当时，对方非常不讲理，最后是在夜总会包厢里逼着我们签了字，退钱不说，另外还给他26%的利息。这一单生意没有按照六人意见一致的原则做，但王功权认为这一次挽救了我们。其他人表示不满，怪他连电话都不接。后来，又把这块地买回来，里外里损失了一个亿，这是我们在海南的唯一损失。之后，王功权感到特别委屈，有一次在南宁郊区洪秀全起义的一座山上开会，又提起这件事，他极其痛苦，一个人跑到山上哭去了。我们不得不散会，四处去找，找不到，大家都很担心，这里面包含太多复杂的感情。

尽管他们当时没有分清楚产权，但这并不是因为他们不理解分清产权的重要性，因为早在1993年，冯仑、潘石屹和易小迪等人到深圳万科公司拜访王石，探讨合作时，王石就告诫他们一定要建立清楚产权。但他们并没有那样做，也许是因为有着深厚的感情基础。

当时，王石不仅告诫他们要分清产权，还告诫他们应该按照近代企业的方法规范经营万通。王石完全有资格这样告诫冯仑等人，因为在他的带领下，万科用20年的时间创造了众多奇迹，成长为中国大陆最大的房地产上市公司，且是大陆首批公开上市的企业中唯一一家连续14年保持赢利的企业。王石在经营企业方面的经验要比冯仑等人丰富得多，他敏锐地觉察到了万通存在的问题，并毫无保留地告诉冯仑等人。在自传《道路与梦想》中，王石如实地记录了这件事。

在20世纪90年代初的时候，冯仑到万科来，说深圳有一帮年轻人做得非常漂亮。股份制上市，他们觉得非常欣赏，因此慕名而来，进行交流、学习。我记得很清楚，约的是一个小时的时间，他讲了一些客气话就开始介绍万通的经历，讲他们过五关、斩六将的经历。一个小时过后，他还在不断地讲着。于是，我说是不是让我讲两句，他说好，你来讲。于是，我们就这样子认识了。我认为冯仑有几个特点，第一是他的中国文化底蕴是比我深的；第二是他有自省能力。比如说万通有一个反省日，反省过去一年所做错的事。我记得当时我讲了三个问题，他的大意就是说万通的现在发展得很好，要不失时机地在全国更好地发展。我记得当时第一条我就说，因为他说他赚了钱很开心，但是不为钱，你一定要把产权建立清楚，你是你的，我是我的。我说现在企业的规模不大，一旦赚了很多钱，就要分家、打架了，到那个时候会很麻烦。第二，我说好企业是一步一步走出来的，快的发展是很好，当然，我讲的是万科的教训，我们也曾经盲目地发展。他找我的时候，我们也正在从多元化向专业化治理。如果万通想要做住宅，那我们还有合作的机会。

当时冯仑等人正春风得意，对王石的话并没有太放在心上，他们觉得凭着兄弟间多年的关系，根本不会产生矛盾。可事实证明，王石的确有先见之明，"万通六君子"最终还是走到了分家的结局。

在分家之前，冯仑六人一直在痛苦地讨论着、等待着，谁都不敢先把"分家"两个字说出口。后来，冯仑说，有三个因素促进了戏剧性的发展。第一是王功权去了美国，在美国吸收了很多美国体制下商务、财务安排的方法以及产权划分的理论。第二是在张维迎的介绍下，冯仑认识了从海外回国的张欣，后来还跟她恋爱结婚了。张欣带来了西方的价值观，她站在西方的文化立场上把冯仑等人全否定了，把西方商业社会成熟的合伙人之间处理纠纷的商业规则带进了万通，王功权和潘石屹都接受了她的思想。第三，冯仑受到了周其仁的启发，懂得不能用传统文化中的兄弟感情处理万通的内部矛盾，而要用商人的规则处理分家，至少是建立退出机制。最终，冯仑接受了周其仁的意见。

由于这三个因素，冯仑最终做出了分家的决定，提出"以江湖方式进入,以商人方式退出"。尽管如此,他们仍旧无法摆脱兄弟情谊,万通的资产只是做了大概的分割,走的人把股票卖给没走的人,没走的人的股份是平均增加的,把手中的某些资产支付给走的人。最后,万通的股份都变成了冯仑一个人的,分家的事情算是得到了圆满的解决。

万通分家之后,潘石屹等人带着在万通赚到的钱去发展各自的事业,并取得了不俗的成就。他们大多数仍旧留在房地产业,"万通系"因而被称作中国房地产的"黄埔军校"。"万通六君子"虽然最终曲终人散,但他们和平分手、各自为王的做法却成为了中国企业史上一个颇具理想色彩的标志性符号。

后来,冯仑在《野蛮生长》中特别提到:"许多中国民营企业……没有接受商人文化的价值观念、游戏规则和操作方法,所以常常困守在中国传统文化里找不到解决办法。"这是他们当初分家时的困惑,也是当前许多民营企业面临的难题。

冯仑采用"以江湖方式进入,以商人方式退出"的方法,既照顾了兄弟间的感情,又使得万通的发展重新步入正轨。可以说,他在处理和商业伙伴的关系上做得非常漂亮,为中国很多民营企业在处理这类问题上树立了榜样。

4.最有价值的教训

牟其中是中国最早的民营企业家,是一个在当时名扬中外的人,他创造出了许多"牟其中式神话",无论在当时还是现在,都颇具传奇性。而冯仑,曾与这个人有着千丝万缕的联系。

牟其中是四川人,生于1940年。1980年1月,40岁的牟其中宣称"甘愿充当中国经济体制改革的试验田",筹措资金300元,创立了中德商店。中德商店是中国改革开放后第一家私营股份制企业。几年之间,牟其中的生意规模扩大了数倍,中德商店发展壮大为南德集团。2000年,因南德集团的信用卡诈骗案东窗事发,年过六旬的牟其中锒铛入狱。

牟其中之所以出名,并不仅仅因为他的"中国最早的民营企业家"的身份和创立中国第一家私营股份制企业的功劳,而是他创造的"六个神话"。

1989年,在深入研究了中、美、俄这3个经济大国的"大三角"关系后,通过运作,牟其中完成了一个大手笔:用中国800多火车皮的日用品、机械设备和轻工业产品,换回了俄罗斯4架民航客机和等同于一架飞机价值的航空器材。这是中俄民间贸易史上最大的一笔单项易货贸易,也是第一个"牟式神话"。一夜之间,牟其中成为了中国闻名遐迩的大人物。

随后,南德集团与俄罗斯合作开发"航向号"电视直播系列卫星,以开展对西方国家的航天通讯业务。1997年9月,牟其中声称"南德集团已在俄罗斯发射了两颗卫星",但集团内部小报后来刊发说明称,"为偿还无锡公司的股权,南德集团将已经出租的总租金收入为4440万美元的卫星股权,以1450万美元的价格变现出让"。也就是说,牟其中的这个"神话"导致南德集团亏损了大约2.5亿人民币。

1993年,南德集团开始规划、投资、建设满洲里。牟其中声称,要"独家开发满洲里",投资100个亿,把满洲里建设成"北方的香港"。他说,南德集团在满洲里有15平方千米的土地,其中10平方千米位于中国境内,其余部分在俄罗斯境内。但实际调查显示,南德集团在满洲里的实际投资甚至连一个亿都不到。

1993年6月,牟其中在重庆宣布,南德集团将联手重庆大学对"重庆山城火锅"进行一系列的改进,之后将创立"麻辣烫火锅快餐公司"。牟其中声称,这家火锅公司在5年内要达到年营业额100亿元以上。结果,由于缺乏资金,牟其中的这个"神话"后来不了了之。

1994年,牟其中在陕北表示愿意为建设陕北出力,并承诺投资50个亿。结果,没过几天,牟其中回应当地政府说,他暂时没有那么多钱,希望陕北可以把国家下拨的扶贫贷款借给南德集团,由南德集团支配这笔钱,以便赚取建设陕北的资金。

1997年9月,牟其中再次召开新闻发布会,宣布:"我可以负责地告诉大家,我们南德集团正在做一个大规模集成电路的项目。我们计划在未来6到8个月内,生产出运算速度在10亿至100亿次的芯片。"牟其中的这个牛吹得太大了,当时就有参与"银河"大型计算机研究工作的工程师表示,还没有听说哪个国家能达到这个水平。

就在牟其中的南德集团发展得如日中天时,冯仑却处在"待业"状态。后来,在熟人的介绍下,冯仑见到了牟其中,并开始了在南德集团工作的经历。就这样,冯仑和牟其中之间有了交集。

多年以后,冯仑回忆起当年之所以到牟其中手下工作的原因时说,在他和牟其中见面时,发现牟其中经历丰富,而且很能聊天,对他产生了兴趣,于是才决定到南德集团看看。

后来,冯仑在《野蛮生长》中回忆说:"(在南德集团工作的)那些年,我的法定工资不到100块钱,加上奖金也就120块钱,当时全为理想,我也觉得是在实现理想,只是没有积攒下什么钱。那时候,不像现在有很多企业和机会可以选择,那时候没有什么企业。"

尽管听上去冯仑对在南德集团工作的这段经历并不满意,但这并不代表冯仑在南德集团没有取得成绩。事实上,在进入南德集团之后不到两年,才能超群的冯仑就成了牟其中不可或缺的左膀右臂,是牟其中重用的第一号人物。然而,好景不长,没过多久,牟其中就对冯仑的"功高盖主"表现出了担忧,因为当时南德集团的中层管理人才中,十有六七是通过冯仑的关系招来的,他们构成了冯仑势力的基础。为了制约和防范冯仑,牟其中从自己的家乡招来了一些与他有亲属关系的人,并相继委以重任。显然,在这样的家族式企业里,才能再大的人也无法取得成功,冯仑也是如此。

这时候的冯仑已经清醒地知道,他在南德集团的所有工作和努力都不能算是自己的事业,做得再好,也是在给别人打工,离开了老板的支持,他什么都做不了,什么都不是。更为重要的是,冯仑发现,牟其中这个老板并不值得他追随一生,因为他已经看到了牟其中思维的时代性和局限性,他的很多想法和作风不仅不合时宜,甚至是反潮流的,他身上没有一个企业家应该有的气质,有的只是"一个无产者的匪气"。

离开牟其中的冯仑后来是这样评价牟其中的不合时宜和反潮流的:

牟其中是典型的创业者,但不是成功的商人。商人必须与时俱进,老牟(牟其中)不与时俱进。他利用各种体制之间的空隙,做成了飞机的买卖,这是那种生意的极致。买完飞机之后,中国的社会体制发生了很大变化,从1993年开始,国家在经济领域治理整顿,宏观调控,此时,企业家应该把精力从外部投机转到内部管理,应该从原来整天想着搞定哪种关系,转为整天想品牌营销的事情,但老牟不做这样的调整,而是加大了投机力度。此时,外部垄断资源的获取机会越来越少,老牟和这个社会的反差也越来越大。大家都在将企业往实处做,唯独他越做越虚,最后将企业办成了学校,越到后来越不像一家公司了。

在明白了这些以后，冯仑就联合了几位同在南德集团工作的朋友，做起了离开的准备。当时，他们都缺乏单干的经验和实力，于是，他们在为南德集团工作的同时，自己私下也做一些属于自己的"私活"，借以摸索和总结经验。当时的冯仑和同时代下海创业的同道中人一样，并没有过多地考虑自己究竟应该做什么，也没想过这个问题。为了尽早挖到第一桶金，他们是什么赚钱做什么，什么来钱快做什么。就这样，1991年，冯仑终于离开了南德集团，离开了牟其中。

后来的事实证明，冯仑当时对南德集团和牟其中的分析判断是正确的，而他自己离开南德集团的选择也是正确的。在牟其中被判入狱以后，冯仑并没有就此忘记牟其中，忘记自己在南德集团的经历，他把牟其中视为一个活生生的标本，不断地思考和解读牟其中，以便为自己提供教训和参考。冯仑认为，任何人都改变不了社会环境，因此，企业家要根据社会环境长远地看待问题，要不断调整和改造自己，以便成为一个与时俱进的人。毫无疑问，这是冯仑从牟其中身上得到的最有价值的教训。

冯仑曾经在多个场合将牟其中与"老大哥"王石相提并论，并称对他人生影响最大的人就是牟其中和王石。在一次访谈节目中，冯仑将牟其中和王石做了对比，他说：

（王石和牟其中）他们一个是我努力的方向，一个是引以为戒的案例。牟其中以前是我的老板，我的书（指《野蛮生长》）中写到他完全不是因为他个人，而是因为他和王石同样属于（20世纪）80年代中国民营企业（家）的典型代表，但是这两人的状态、命运、共识是完全不同的。

他（指牟其中）有65岁了。作为65岁以上的人，在讲到一件是非

(问题)的时候,基本上是毛泽东时代的思维,先假想有阶级斗争,然后自己怎么样悲情。这样的思维方式让我想到了一首歌,叫《一生爱错放你的手》。这首歌有两种解释,一种叫"一生爱,错放你的手",就是后悔,失去了机会;还有一个解释叫"一生爱错,放你的手",就是不要你了。牟其中一生的经历,他的商业和企业体制以及时代的变迁发生的关系就是"一生爱错放你的手",两种解释都可以。但对他来说,是"一生爱,错放你的手";而社会对他来说是"一生爱错,放你的手",让你到别的地方去。

冯仑认为,要理解牟其中和他的经历,首先,要认识到企业家的命运不是孤立的,而是与时代相联系的,只有顺应时代和潮流,甘愿站在时代的大背景下,企业家才能取得成功。其次,还要认识到企业家所做的事业与社会政治制度是相联系的,只有与社会政治制度相融合,企业家的个人能力和品质才有发挥的空间。

基于这样的认识,即使在牟其中入狱的情况下,冯仑也没有对昔日的老板落井下石。事实上,冯仑对牟其中的评价一直都是客观而中肯的,因为他把牟其中放在了时代的大背景和社会制度环境的大背景下分析和看待。他认为,不论牟其中曾经多么富有,取得了多么大的成就,但他只是一个"社会底层的角色",骂他是"骗子"或者"坏人"都显得太过肤浅。他在《野蛮生长》一书里就是这么说的:

牟其中是一个被长期压在社会底层的角色。他是第一代贸易类民营企业(家)中做得最成功的人,倒飞机是改革开放初期体制下私人资本创造的最了不起的商业奇迹。至于他的商业伦理、公司内部组织,都和他的出身、经历以及社会制度的变革有关。这样说比较公允,不能笼统地说他是江湖骗子或者坏人。

冯仑是一个很重感情的人，这一点不仅表现在对"万通六君子"等好友身上，也表现在对昔日的老板牟其中身上。尽管当年牟其中对冯仑有过猜忌和不信任，但冯仑并没有把这些放在心上，对牟其中依然很讲感情。

5.平衡人与钱的关系

冯仑是一个聪明人，不仅会做生意，也会做人。在面对生意的时候，他有一双犀利的眼睛，不仅能看到眼前项目的利益，还能看出未来的发展趋势。所以，虽然万通地产并不是中国最大的地产公司，但在创新和引领行业某一领域的发展方面，却是走到了最前端。在做人上，冯仑也不差。他有一份传统的豁达，又有一份现代的理性。冯仑善于赚钱，但也会花钱，更不吝惜钱。这份豁达的态度，让很多人都愿意跟他做朋友，更愿意跟他做生意。

冯仑曾经做过一笔很大的生意，总金额大概有8亿元人民币，对方是买家，冯仑是卖家。虽然双方都有很强烈的合作意向，可这毕竟不是小买卖，对方要考虑很多因素，因此在决策上要走很多程序。而在这走程序中，必然会遇到很多问题。

为了尽快促成这笔买卖，冯仑给对方开了一个条件。他跟对方说，可以先少给自己一亿元人民币的资金，这一亿元并不是不要了，而是先不给，然后加一个限定的条件，即冯仑卖给对方的资产，对方如果拿去做了房地产，然后最终成品出售的价格不到

7000元/平方米,就说明市场局面不好,那这一亿元就算了,当作冯仑公司给对方的折扣;如果对方开发出的成品最终售价在7000元/平方米以上,那就说明市场很好,对方可以赚到很多钱,到时候,这一亿元就补给冯仑。

冯仑提出的这个条件让对方很是欣喜,这单业务马上就谈好了。

一般的人,不管是企业的老总,还是管理层的员工,跟自己的合作方谈业务的时候,总会下意识地将自己的利益最大化,想用最低的成本做到最大的收益。这个想法是不错的,也是经济学上的主张。可是,凡事要根据环境而变。如果是一次性的买卖,做完这次彼此不相往来,那还无关紧要;如果是长期的合作伙伴,这样做就不好了,你总是这么斤斤计较,他早晚会去找别人。

一个真正的企业家,一个聪明的管理者,就会像冯仑那样,能够理顺钱与人的关系,看到长远的发展。他们知道,对方之所以会跟自己合作,有一个很重要的前提,那就是能够从中获利。如果自己这边将条件定得太过苛刻,让对方赚不到钱,那么以后肯定就不会再有合作的机会了。为了一次利益,放弃之后的所有合作机会,是不明智的。

人与钱,并不是对立的,而是统一的。一个人如果能让很多人赚到钱,那么这个人必定也能赚到很多钱;一个企业如果能让很多企业获得利益,那么它肯定会获得更多的利益。这就是人与钱之间的关系,要利用别人赚钱,更要让别人赚到钱。只有做到合作共赢,才能让自己的事业更加顺利。

冯仑在《人心与钱心》里写道:

能赚钱是一种能力,会用钱更是一种能力。

在中国,钱和面子是什么样的关系?一般来说,他跟你要钱的时候有面子，比如买我们房子的都是通过朋友打折，越有面子越占朋友便宜。一套房子100万元，我给一个点折扣，他就拿走一万元，这让他很有面子。在西方，这是违法的，是不公平交易，因为同样一种东西，对生人一个价格，对熟人一个价格，也就是欺诈了生人，熟人跟你合谋占了便宜。在中国，有面子的人就是占别人便宜的人，这在东北体现得最明显。到餐馆了，一看："啊，张哥来了，都算我的啊。"张哥就有面子。从朋友口袋拿钱的人都是有面子的。面子值多少钱呢？看你能从别人口袋拿出多少钱。经常有人打电话给我，说某某某要买你的房，帮个忙，这个电话值多少钱？我说你说值多少就值多少，他说，行啊，那你给他5个点吧，这5个点就是他面子的价值！

什么是面子呢？简单地说，面子就是一套程序，一套贬低自己、抬高别人的表演。美国传教士明恩溥认为中国人看重面子的原因来自对戏剧的喜爱。生活就像戏剧中的场景，每个角色都要体面地上台，在一片喝彩和赞扬声中下台，否则就"下不了台"。陕西人说面子，就说"你就把人尊重一下"。有面子的人总是在你上面，你在下面。在社会上，面子意味着很多的特权、通行证，也是一种可以从别人口袋里拿钱的资格。所以，在中国研究面子，最后就是在人情世故中学会找面子，你有面子，别人也会给你帮助。面子还有一个特点，它是可以等价交换的，是可以流通的。朋友的朋友的朋友，到我这里也可以打折，就是面子在流通。面子还可以储存，我老给你面子，到时候你也会给我面子。面子最终落实到经济利益上，会跟钱发生关系。

在社会上做生意，无非是要在人情世故上让大家都舒服。我一般采取的是"631"的办法。"6"叫情势，是社会、法律强制要求我们遵守的；"3"是经济利益，算账；"1"是面子，是妥协。比如，我收购别人，一定要变成别人收购我的架势，明明是我很强大，但要说我很弱小，他显得牛了，事儿一下就办了。一般我们都是留10%的余地来处理面子问题,如果做交易我赚了钱,得在某种场合给对方一个好的说法,让他特别有面子。否则,在生意场上,你就会变成一个刻薄寡恩的家伙。按照鲁迅说的,面子是中国人的精神纲领。总是尊重别人,把人家放到台上,你在下面,"善处下则驭上",这样,你在社会中就可以比较好地发展自己。

但是,很多企业家或管理者都不明白这个道理,他们不是将客户当成朋友,而是将客户当成敌人,想要从客户那里榨取最大的利益。这样起到的只能是一个杀鸡取卵的效果,丝毫没有持续性。这样做的企业,早晚有一天会被市场淘汰。

一个管理者,不仅需要管理能力,更需要有豁达的人生观,要有大的格局。如果格局太小,事业也会受到局限。

如今已经不是各自为战的时代了,需要的是共生共赢。在这样的环境下,平衡人和钱的关系很重要,与别人的协作能力也很重要。

6.尽量不用"熟人"

在企业起步的阶段,很多民营企业家认为,要用熟人,熟人可靠,熟人多了好办事。他们认为,用熟人是效率最高、成本最低、风险最小的办法。

民营企业喜欢用熟人,还有一个原因,他们喜欢用忠实的人,强调人和人的忠诚关系,而在熟人中最容易形成这种忠诚关系。这是为什么呢?在早期民营企业发展过程中,由于法律法规没有跟上民营企业的发展脚步，所以他们只能通过人来获取基本保障。而这种保障的终极目标是结成相互忠诚的关系，特别是员工对老板的忠诚，以此来应对制度的不确定性和外部环境的不公平性，提高企业自身的凝聚力和竞争力。这种忠诚并不是对所有员工来说的，而是在所有员工里挑出一小部分人，然后让他们变成对自己私人忠诚甚至变成家里人，而把其他的大多数变成生人，让他们遵守制度和规则。

民营企业的老板强调个别人对自己的忠诚，是因为他对制度没有信心，缺乏安全感，需要少数忠诚的人来帮助他做一些事情。但是，一些老板对这种忠诚过分使用，导致与公司内部少数人结成特殊关系。从长远来看，这种特殊关系对公司经营是不利的。不按照制度办事，越忠诚的人越容易超越制度，最后会使企业内部发生混乱，使企业成本不断上升。

可见，用熟人不一定会给企业带来更多的利益，有时还可能加大企业的成本支出，对企业发展不利。

冯仑创业之初，因为没有认识到任用熟人的弊端，公司里曾出现过这样一种情况：一个熟人的太太到公司上班，后来跟别人跑了。这位熟人打电话质问公司，为什么把他的媳妇放这儿还被人勾引走了。这个事情给冯仑留下了深刻的印象，由此，他深刻地认识到，要维持跟这类朋友的面子关系，就要保证他们托付的人能够开心、平安无事；如果任何时候任何一个环节出了问题，面子就没了，人与人之间的关系也会归零，回到生人关系，这一点都不划算。

熟人往往能满足企业管理者片刻的虚荣心，但会导致不必要的交往，那样会耗费很多时间、精力，还有成本支出。有时候，为面子支付的成本是很可怕的。很多事实证明，熟人关系会超越制度并破坏制度。

熟人关系是有选择地超越规则，熟人越多的地方，制度就越无法遵守,结果只能靠习惯和传统文化来进行约束。所以,这对民营企业来说影响巨大:熟人用得越多,越会依赖内部的熟人关系,制度成本就越高,制度被破坏的可能性也就越大,甚至根本没有办法建立制度文明。执行最好的是投资制度,因为投资是由董事会决定的,董事会的人跟经理平时没什么交往,都是生人,关于投资一定要董事会批准,执行率是100%。

这样的情况,在万通的成长经历中也同样出现过。由此,冯仑认识到一个规律:熟人多的公司,执行力度就不好。那么,如何才能成功解决这个问题呢?

冯仑认为,职业化是解决这一问题的有效方法,因为职业化提倡"生人文化"。

职业化的管理是靠程序和规则来管理企业,而不是人情和面子。如果企业中存在"熟人文化",任何事情都会因人而异,就不可能有规范化的管理,不可能实现公平、公正、客观,任何制度也无法真正落到实处,再好的制度也只能是空谈。

因此,冯仑得出结论:在公司内部要尽量培养"生人文化",而不是"熟人文化"。中国的企业为什么制度不好执行,就是因为大家都是熟人,制度没法执行。西方在这一点上就做得比较好,都是"生人心态",都按照制度办事。

因为认识到了生人文化对企业的好处,所以万通很早就提出了生人原则,立生人文化。此外,公司还提出了担保制度,不主张用熟人,一律用生人。这样做的好处是公司制度执行情况比以前有了很大的改观。现在,万通大多通过猎头公司和网上招聘,公司的熟人已经降为不到10%,这在民营企业中已经算相当少了,不过冯仑的理想是一个都不要,最好全部都是生人。

第四章

头脑不停,进步就不会停

1.思考是前进的源泉

冯仑是一个经营者,也是一个思考者。在中国,出过书的企业家有很多,但其中大多是自传性质的,意在告诉别人自己经历过什么,是怎么做企业的。但冯仑的书不一样,书中不仅有他的经历,还有他的思考。像《野蛮生长》《伟大是熬出来的》等,收录了很多冯仑关于人生、未来和企业经营的思考。

正是因为有一个爱思考的习惯,冯仑才能在商界混得风生水起、挥洒自如。通过思考,他对人生和商业有了更深刻的认识,这份认识就是他带领万通前行的资本,也是万通制造出很多理念性产品的根源。

一个善于思考的人,是一个旁观者,也是一个理想者。冯仑就是这样的一个角色,不仅能够站在旁观者的角度看其他公司经营上的利弊,还会以一个旁观者的立场来反省自己公司出现过的状况。万通有一个特别的反省日,每年都在坚持,这个反省日的存在并不是一种姿态,而是起到过实实在在的作用的。其能起作用的根本原因就在于,万通人在冯仑的带领下,都懂得思考。

一个不懂得思考的人,在反省的时候,看到的肯定是自己的委屈和无奈;但一个懂得思考的人,看到的就是自己曾经的失误和所浪费的时机。前者会让人陷入抱怨的旋涡中不能自拔,从而怨天尤人;后者却可以让一个人保持清醒,及时改掉自己的错误,更好地前行。这就是万通发展的秘密,也是冯仑能够笑傲商场的原因。

一个管理者,同时也是一个领路人,处在这个位置上的人,如果没有一个清醒的头脑,不能不停地思考,那么总有一天,他带领的队伍会被时代落下。很多时候,企业的发展取决于企业家的综合实力,而企业家能够发展,就在于他总在思考,在总结过去,发现现在,规划未来。可以说,只要企业家的头脑不停,企业的发展就不会停。这两者是息息相关的。

京东商城的快速崛起是很耐人寻味的。在京东出现的时候,其实已经有好几个大的电子商务平台了。且不说早就成立的淘宝网,以及大牌电商亚马逊,那时候,当当电子也已经颇具规模。但即使这块市场竞争激烈,有很强大的对手,京东还是强势崛起了,这当然跟刘强东个人的努力分不开。

刘强东是一个很爱思考的人,不仅经常观察市场,思考企业的发展之路,还会去研究客户。这些都是京东能够快速成长的重要原因。

京东商城刚开始融资的时候,规模并不大,仅有20万的注册用户。20万这个数字看起来不少,但跟其他电商动辄上百、上千万的用户比起来,就有些不值一提了。不过,就是这个仅有20万用户的小小网站,却很快就赶超了其他电商,因为,跟其他的网站在意用户数量不同,刘强东在意的是用户的黏性。根据数据显示,京东商城开始的时候虽然用户量少,但用户黏度极大,注册用户中几乎有40%的客户每天都要访问京东,这是一个令人称奇的数字。就是靠着这种极大的用户黏度,京东才有了后来迅速崛起的条件。

用户之所以爱上京东,跟京东的策略是分不开的。京东商城的愿景是改变人们的传统购物方式,他们更关注的是用户的体验。刘强东是一个非常喜欢琢磨事情的人,没事就爱研究用户的购物心理,思考什么样的方式能让用户更加快乐地购物。

京东商城的页面设计得非常简单、干净,这样就突出了产品本身,能够最大限度地吸引住客户的眼光。而且,京东的付款方式多样,他们是第一个拿着POS机(收款机)送货上门的,这极大地方便了客户。在物流的建设上,京东也是一绝。开始的时候,其他电商都是依靠快递公司送货,这样就会多出一些不必要的环节,从而增加送货时间。但是京东不一样,他们自己成立了快递公司,极大地缩短了送货时间。这对用户来说,是非常具有吸引力的。

正是因为摸清了用户的心理,京东商城才能在短时间内迅速崛起,成为电商中的大户。而这一切,靠的自然是刘强东那颗爱思考的头脑。

商业竞争很残酷,也很艰难,但有时也很简单,只要比别人多思考就可以了。企业家、管理者是一个团队的头脑,而管理者本身的头脑就更重要了。一个团体,只要领头人头脑不停,他们的进步就不会停。

冯仑是万通的创始人，也是万通的领路人。他知道思考的重要性，也经常向手下的员工传达思考的重要性。在冯仑看来，万通想要往前走，需要很多实干者，但也需要不停思考、有前瞻性的人。

在一次访谈中，冯仑曾说，思考是前进的动力和源泉。

万通需要他这样不停思考的人，他也确实通过自己的思考给万通带来了利益，给客户带来了利益。他觉得，万通的很多做法是值得自己骄傲的。万通在很多地方做到了创新，它告诉人们，原来城市还可以这样。而这一切，都是源于一种不满足，源于对现状的思考和对未来的憧憬与规划。

人生是有限的，但人的进步是无限的。有的人觉得自己已经无法进步，并不是因为他失去了发展的空间，也不是自身不再有潜力，而是因为他从心中放弃了自己，不再要求进步。一个要求进步的人，必然是不停思考的人。

2.善于学习是成功的因素

冯仑是一个非常喜欢读书的人。他从中外成功企业家的传记中得出结论，善于学习是企业家取得成功的一个非常重要的因素。

冯仑的善于学习体现在很多方面，万通挖掘到的第一桶金就是其中之一。

1991年，冯仑在无意间听到广东人总在说"按揭"这个词，他觉得很新鲜，就想知道这个词是什么意思。他不知道别人说的到底是哪两个字，便请他们把"按揭"两字写在纸上，回去查字典，向别人请教。冯仑弄明白"按揭"的意思后，就讲给公司的同事们听，于是，公司决定用按揭的方式买一批房，装修之后卖出去。这是万通做的第一单房地产生意，也是万通掘到的第一桶金，收入几百万元。万通是第一家在海南以按揭形式炒楼的。可以说，这单生意正是冯仑善于学习的结果。

冯仑后来有总结万通创业初期的成功经验，他在《万通·生活家》2004年第11期中写道："1991年我们在海南时，在一万多家房地产公司中排倒数十几位。和他们相比，我们一没有政府背景，二没有家庭背景，三没有跌个跟头捡块金子的偶然机遇。为什么后来我们能在复杂环境里一步步走到今天？我们总结，至少有一点：我们善于学习。"

冯仑和几个合伙人成立万通时，中国还没有MBA（工商管理硕士），所以他对公司的组织形态有些茫然。尽管如此，冯仑还是认为可以通过学习掌握必要的知识。为了能够更好地运作公司，他让公司人员研究江湖式的组织结构，学习了《上海滩》《水浒》《胡雪岩》等著作。当"万通六君子"出现分化时，他们每个人都非常苦恼。当初为了共同的理想和追求而聚在一起的六兄弟，怎么能轻易地分手呢？为了挽救分手危机，他们开始研究《太平天国》，并达成共识：如果没有找到比太平天国更好的办法，那他们就还在一起。后来，冯仑从一位经济学家那里得到了解决办法：按照商人的规则办事，建立退出机制。最终，他们几人和平分手，兄弟间的感情丝毫没有受到影响。

在"万通六君子"合作撰写的文章《方圆处事，真诚待人》中，也提到了要不断学习。万通需要的不是一两个天才和神人，万通事业的成功一定是所有万通人的成功。

企业之间的竞争，其本质就是人才的竞争，有什么样的人才，就有什么样的企业。万通在很早就深刻认识到，人才是公司的根本，即使有再好的项目、再有效的管理，如果没有人来操作，一切都将会变得毫无意义。冯仑认为，万通要成长，首先领导者要成长，要向合格的管理转变。企业发展每一天都会有竞争和困难，万通要有十足的勇气去面对。真正的大智大勇者，是那些对历史有深透的理解和对现实有准确把握的人。所以，学习是必不可少的。

中国有句古话叫"学无止境"，冯仑深刻领悟到了这句话的精髓，所以，他总是在不断地学习。在中国企业家里，冯仑的学历已经算很高了，但他又在2003年的夏天顺利通过了法学博士论文的答辩，拿到了中国社会科学院研究生院法学系宪法学与行政法学专业的博士学位。现在，很多公司的CEO(首席执行官)为了混一张文凭，获得更好的名声，会选择去商学院听一些短期的"总裁班"。与他们不同，冯仑是实实在在花了3年时间才获得这个博士头衔，这也正是他好学精神的体现。

冯仑在接受《财经时报》记者采访时就特别强调了学习的重要性：

其实，人和人在肉体上没什么差别，都是一百多斤肉，从生物学的角度上说都是一样的，差别是在灵魂上。你的精神世界有多大，你的视野就有多大，你的事业就有多大。我认为，一个人事业的边界在内心，要想保证你事业的边界不断增长，就必须扩大你心灵的边界，学习是唯一的途径。

我从来没有把万通当成一个小买卖去做，虽然赚到的钱的多少是变化的，从几百、几千元到几亿、几十亿元。但对于我来说，几十亿元也是一件很小的事情，因为我内心事业的边界早已超过了100个亿，而且，我相信再过三五年，超过100个亿应该是能够办到的事情。

不断学习是一个快速变化的年代带来的普遍要求。万通也要按照这个要求去做：向员工提供各种各样的培训，包括经济方面的、法律方面的，不断帮助员工通过学习获得进步，获得领先的位置。冯仑认为，只能通过学习，眼界才会变高，看问题的角度才会更加准确和超前。

学习有很多种，但最常规也最有效的当属读书了。

冯仑是一个酷爱读书的人，也是中国读书最多的企业家之一。他有两个业内知名的书房，一个在北京阜成门的万通新世界广场，那里有一屋子满是古色古香的线装书；另一个在冯仑自己家里，他经常在里面埋头苦读。冯仑读书时不喜欢被人打扰，连他的孩子都不可以到里面走动。作为企业的老总，冯仑的工作十分繁忙。尽管如此，他依然会挤出时间读书。他对记者说过，他一天坐车的时间大概是3个小时，这3个小时除了接电话，就是看书，在飞机上的时间也用来看书。他的书哪里都有，到哪里都可以看。

冯仑喜欢读书，也会读书。他觉得读书是在跟伟人交流。他有一种独特的读书方法。他说：

学习是一件持久的事，需要坚持，也需要方法。

我有一个特别的习惯，几十年都看那些不起眼的报纸和信息，看非正规渠道的，包括现在的八卦新闻。我每天看报纸从八卦看起，八卦新闻看完了以后才看社会新闻，社会新闻很热闹，看完社会新闻以后再去看财经，再看房地产，最后看时政。

这样来看报纸，非正规信息会刺激你思考，让你思维空间特别开阔，还能增长知识面。你看很多案子，有很多侦探知识——我很喜欢刑侦的工作，十几岁时就开始琢磨法医学、痕迹学、证据学——看这些不太正规的事,但是在你遇到问题的时候有帮助。比如,你跟一个人打官司的时候,如果有点这类知识,就会知道怎么马上取证。上面有很多上三路,下面有很多下三路,在生活和做事中,上三路和下三路是等效的。什么意思?比如说办执照这样简单的一件事,你用上三路的方法找人,找到局长,局长说我可以批,但春节放假了没法办。而如果你用下三路的方法找到办具体事情,也就是办执照的女孩,你让她喜欢的男孩去找她办,女孩儿很高兴,年三十加班,把执照打出来。所以,有时候,下三路比上三路管用,你要找路径最广、最有效的。

此外,有意思、有实际用处的书,像《马桶的历史》《门的历史》《吃醋的历史》等,这种书我都认为是好书。比如《吃醋的历史》是人的社会心理过程,这对把握办公室恋情有帮助,可以起到触类旁通、举一反三的作用。

有3种书是一个企业管理者必须读的:第一种是经典,也就是经过时间沉淀的,这些书经过了历代人的筛选,自有其独到之处;第二种是有用的,可以给自己帮助的,我个人的喜好是一些好的故事书,因为可以从中读到人性,了解人之后,自然就能做好生意、管好企业;第三种就是拓展思路的书,比如科幻小说,里面充满了奇思妙想,可以让人进入到一个全新的世界,拓宽思路。

冯仑认为,不断地读书学习,可以起到修正企业领导者价值观的作用,而且,经常不断地汲取知识,还能够使领导者在一个群体中保持领导力,领导力中包括前瞻力、决策力、沟通力等。

读书不光可以增加一个人的认知水平,历练心智,从商业的角度看,读书也能增加商业机会。知识可以拓宽交流的渠道,使交流的对象变得更宽泛。通过读书学习,冯仑在商务、国际关系、社会政治、历史、文化艺术等诸多领域都有自己独到的见解,这使得他可以和不同的人进行沟通与交流。人际交流的范围越广，对事业边界的扩大以及人际交往层面的增加等方面的益处也就越大。

随着万通的发展，冯仑依然坚持不断地学习。对冯仑而言，还有太多的未知信息需要通过学习去获得。不断学习可以扩大他的视野和思考空间，万通也会得到更好的发展。

3.借鉴先进，学习"伟大"

万通犯过与其他民营企业一样的错误，但为什么很多民营企业消失了，而万通却发展得很好呢？这是因为万通改正错误的自觉性和勇气比较好，这种自觉性和勇气正是来自万通"学先进、傍大款、走正道"的企业文化和价值观。

"学先进"是冯仑从小就养成的习惯。学生时代的他就喜欢给中国有名的人写信。冯仑写过很多信，大部分都没有回音，但他丝毫不受影响，依然坚持给他们写信。

冯仑认为，少年时代是他人生的重要时期，其思想脉络和逻辑是在那个时候形成并延伸出来的。他回忆道："记得周恩来总理逝世后，我备受打击，因为他是一个道德和正义的化身。我甚至想到了退学，像周恩来那样成为一位职业革命家。当时，我和另外一名同学到上海、浙江等地跑了一个月，联系社会上各种各样的人，学习、访问、思考。"

冯仑从少年时代开始，思想中就孕育了"学先进"的基因，这对他的人生有着深远的意义,对万通也有着极为重要的影响——奠定了万通的企业文化内核。万通集团从1993年开始就正式制订了"学先进"的计划,在公司多年的发展中,万通"学先进"的对象主要为三种类型:一是向房地产行业内的优秀公司学习,先后到万科、金地、华新国际等公司学习过;二是向房地产行业以外的优秀公司学习,比如联想、海尔等;三是向国外的优秀公司学习。

万科是万通第一个"学先进"的对象。从1993年万通逐步成型时,冯仑就把万科当成榜样,后来,他还专门写过一篇名为《学习万科好榜样》的文章。他在文章中写道:"所谓'学先进',我认为住宅企业学万科是最稳妥的。而'傍大款',则(需要)根据公司体制(来)决定。你是一个上市公司,(要傍的)大款就是基金。像万科,全世界的钱都是它的大款,不同的企业能傍的大款是不同的。'走正道'就是要根据企业价值观来选择它的正道。"

万通学习先进的能力非常出众,而且,始终牢记自己学先进的目的——自己成为先进。所以,在向先进学习的同时,万通也在充分发挥自身优势,形成自己独特的商用物业开发及运营模式。

冯仑一直提倡要"学先进",但那些"先进"的企业到底先进在哪里呢?先进的企业不仅有一套先进的管理体系,在市场上有核心竞争力,而且具有道德溢价,这使得它们更有竞争力。

冯仑在演讲中就谈到了好公司的道德溢价问题,说:

现在市场上给好人溢价(道德溢价)的事情越来越多了,资本市场上也已经开始给好人溢价。你到证监会去批东西,万科可能3个月就能批完,金地、万通四五个月能批完,而(其他企业)的平均时间是7~9个月。

随着时间推移,好公司在市场上发行新股的时候,投资者逐渐愿意给高价。根据国际上的经验,好公司(治理结构比较清楚的)大概溢价都在5%~10%，换句话说，如果做好人，办一家好公司，你的股票会比别人贵5%~10%。

在市场经济中，做一个好人需要付出昂贵的代价，做一个坏人会受到应有的惩罚。但做好人会有好回报，可以使投资者增加对你的信任感。直接投资者的信任可以通过监管起作用。如今，证监会监管的力度在不断加大，专业水平也在不断提高。在这种形势下，好公司道德溢价的作用会更加明显。

万科就是一家具有"道德溢价"的企业，这也是它能在国内房地产领域持续领跑的原因。冯仑在为《万科的观点》一书写的序言中说：

领跑者并不容易。领跑者一般经历了比被领跑者更多的曲折、更深刻的教训。先知往往来自于先愚，愚而能省，省而后发奋，遂成师范……万科能领跑不是他先知先觉，而是他知错能改，善于在过程中自省和改过，渐次逼近真理。

自己跑得好、跑得快、成绩好，才能让追随者有信心。所以，领跑是一个打铁的活儿，一定要自身硬。

领跑要让人相信你的真诚和善意，这样才会有众多的追随者。简单地说，就是要有道德的力量。

正是这种道德的力量，让冯仑一直把万科当作学习的榜样。冯仑在《学习万科好榜样》中，明确提出要学习万科的均好性：

今天，如果走进万科，你会发现，无论投资者关系（透明度、诚信度）、投资管理、财务管理、人力资源管理、客户管理甚至公关管理，都非常清楚细致、井井有条。王石对万科的贡献，在于他从不把精力放在门面和项目的炒作上，而是认认真真，数十年如一日，不厌其烦地建造了终于可以自动行驶的"万科牌汽车"。

据有关资料显示，在1997—2002年这5年时间里，国内整个房地产行业每年增长30%以上，但房地产类上市公司的净资产收益率的平均值却一路下滑，这就意味着国内房地产类上市公司都在赔钱。但万科不仅保持着长期稳定增长的状态，更是在2003年大赚一笔。那一年，万科的业务增长了近80%，营业额达50亿元人民币。

万科之所以先进，原因在于以下几个方面：

一是有一套非常正确的价值观。

万科很早就解决了产权问题，也很早实现了股份化，又很早上市，它的创业者和管理团队始终以职业经理的道德操守严格要求自己，为股东谋利益。这使得万科形成了一整套与职业经理人相关的价值观和公司文化。这对万科的管理有着深远的影响。

二是有先进的治理结构和管理体系。

万科的治理结构具有很大的优势。由于最早一批企业股份化改制和上市，加上股权分散，使得股东、董事会和管理层的职责和权利界定不清。而万科的创业者很早就给自己定位，要向职业经理人的方向转变，这种转变完成得很早。所以，许多民营企业创始合伙人之间出现的问题，万科都避免了，这就保证了管理团队的长期稳定，并且形成了系统的经理人文化。因此，万科在管理上能够集中精力做事，不仅在本地实现了资源的优化配置，还建成了跨地区管理的高效体系。

正是由于万科在各个方面都做得很好，实现了"均好性"，所以，它才能够取得国内其他企业无法取得的成就。这也正是冯仑要"学先进"的重要原因之一。

冯仑曾多次高调提到过"傍大款"这个词，很多人对此持有异议，当然，这也可以理解，因为这个词本身就是一个贬义词。但冯仑只是借用它的字面意思，真正的含义是与伟大的人、伟大的企业合作。

2004年4月10日，万通终于实现了"傍大款"的愿望：冯仑对外界宣布，他们将与天津泰达进行合作。冯仑后来在一次演讲时回忆说：

"傍大款"是非常重要的，无非是选择什么样的"大款"，千万不要像有些歌星那样傍大款，像福建的赖昌星，最后变成了赃款，所以一定要傍好的"大款"。我当时选择泰达的时候，跟王石讨论过，他非常支持。他们和华润的故事是成功的，所以他鼓励我和泰达合作。我当时做出这个决定，让大家都理解是不容易的，我自己创办十几年的企业，放弃自己当第一大股东，让国有企业当大股东，这是一个很不同寻常的决定。正因为这样，我们才可以走到今天。所以，后来我们的发展相对是比较顺利的，从资本规模来讲，我们现在是北京房地产公司资本规模最大的，达到15亿人民币。我们上市的房地产业务是整个业务的1/4，2007年在135家A股房地产公司当中排名第16位，现金排名在第5位，环渤海地区是第1位，这个都跟"傍大款"的过程有关系。

冯仑认为，除了要学先进（企业的标杆管理）、傍大款（处理好与投资者的关系），还有一点必不可少，那就是走正道（符合制度法规）。他说："走正道是为了避免走弯路，能够铸造有序经营的坚实基础，因为你走歪门邪道、旁门左道，总是要花很多精力来弥补，还会陷入很多无限的是非，最后还可能有牢狱之灾。只有走正道，才能够使企业有序经营。"

冯仑认为，"走正道"就是正直，不做违反国家法律法规的事情，通过正当的手段按照公平的原则去获得各方面的利益。"正直"这个词说起来容易,做起来却很难,需要做好以下四个方面:一是说了就要做,言必信,行必果;二是自觉按照规则办事;三是具备向上的、积极的、诚信的精神;四是拥有直道而行的气魄。

每一次口号的提出,都是冯仑思想上的沉淀,也是冯仑团队自知自觉、鼓足勇气的表现。正是20多年对"走正道"的坚持,为万通在行业内赢得了良好的口碑,使之成为了同类企业中的翘楚。

4.反省:万通的生存密码

"反省会"在万通经历了三个阶段:第一个阶段,反省公司管理,这成了员工的一个牢骚会;第二个阶段,集中在公司高层对发展战略的反省;第三个阶段,从2000年起,转变为"前瞻式"反省,即站在未来反省万通的现在。

冯仑在多个场合提过"勿忘在莒"这个成语。这个成语出自《吕氏春秋·直谏》"使公毋忘出奔于莒也",所述故事,大体如下:

齐国君臣在一起饮酒,酒酣之时,桓公得意地对鲍叔牙说:"为什么不起来为我祝酒呀?"于是,鲍叔牙端起酒杯向桓公敬酒说:"希望你不要忘记逃亡在莒国时提心吊胆、愁困落魄的那段日子。"又向管仲敬酒说:"希望你不要忘记了在鲁国做囚徒的日子。"还向宁戚敬酒说:"希望你不要忘记了当初在车下喂牛的时光。"几句话使齐桓公等人猛然警醒,桓公离开坐席感谢说:"我和大夫们绝不会忘记先生的话,这样,齐国的江山才能长治久安啊!"

"勿忘在莒"后来便演变为成语,意思就是不要忘记过去的艰难或耻辱。

冯仑认为,无论企业如何发展壮大,无论何时何地,创业的艰辛、做人的准则、企业所肩负的社会责任都不能被忘记。

冯仑曾在文章中呼吁万通人无论在什么时候都不要忘记"勿忘在莒"的精神:

万通最值得珍视的东西,不是已赚到手的利润,而是"勿忘在莒"的座右铭。万通是一个年轻的企业,还很稚嫩,还有许多不完善的地方,面临国际国内更为复杂的环境,我们应当愈加谦虚谨慎,向一切公司学习,向所有"先进"看齐,继续发扬"勿忘在莒"的精神,兢兢业业,务实进取,再接再厉,更上一层楼。

可以说,正是在"勿忘在莒"精神的感召下,万通才能够在日益激烈的竞争中始终保持领先地位。

1992年9月13日是万通成立一周年纪念日。冯仑认为,90%的公司会在周年纪念日里大吃大喝,但他和他的创业伙伴们并没有那样做,他们坐在办公室里进行了深刻的反省。万通还特地发了一份《关于建立"周年反省日"制度的通知》的文件,将反省正式确立为公司的制度。

冯仑把反省看作万通地产的生存密码。在《万通历史陈列馆新馆开馆文稿》中,冯仑特别强调反省已经成为万通企业文化的突出特点:敢于否定过去,坚持自我反省的理性批判精神,至今仍是万通企业文化的突出特点。公司领导鼓励员工批评领导、下级批评上级、员工批评"老板",以这种方式总结经验、辞旧迎新。

反省会对万通地产的发展历史、公司的价值启蒙、关键危机的化解，以及布局未来的前瞻战略把握等方面，都有十分重要的作用。如果把反省会比作万通人集中进行反省的宗教仪式，那么，反省本身则是万通地产企业文化的重要基石。

陈润江先生是万通的老员工，1993年9月13日万通第一次开反省会的时候他就参加了，他还对这次反省会做了记录：从早上9点到下午6点，中午吃罢盒饭也没休息，大家几乎是抢着发言，提出了几十条切中公司时弊的意见，言辞之激烈如急风暴雨。当时我初来乍到，被安排做记录，奋笔疾书之际也听得热血沸腾。功权（时任万通集团总裁）虽然在前一年的反省会上喊出过"向我开炮"的英雄口号，但这回在大家的批评下，也似乎有点坐不住了，在表态发言时不免抱怨："我早就说我不能胜任嘛，要么把我撤了，要么给我时间！"

2001年是万通创业的第10个年头。万通的"反省日"也在不断地与时俱进，从对公司内部管理和员工牢骚的简单反省，转向公司高层对发展战略的反省。总结万通十年的成败，冯仑提出：要进行前瞻式反省，站在未来看现在，"反省会"因此变成了一种"前瞻式"反省。这一年，北京万通的反省会呈现出了一个特别之处，他们特地邀请了部分已经离开万通的员工，专门请他们来对万通提出新批评和新建议。冯仑认为，想问题有三种方式：第一种是站在过去看今天，只有埋怨、回忆，然后自满，这是一个比较容易犯错误的思维；第二种是以现在判断现在，也就是说，用从别人那里看到的东西来判断自己今天做得对不对，这个也不是前瞻，而只是一个横向比较和判断；第三种是站在未来的某个时点，然后看到未来那个时候发生的所有变化、可能发生的变化以及必然发生的变化，然后决定今天哪些事情要做,哪些事情不做,着眼未来,发现规律,按照规律去安排自己的事情。

聪明人总是站在高处以便看得更远,聪明企业的做法是站在未来看现在,万通也要成为这样的企业。

在《站在未来安排今天》一文中,冯仑写道:

"前瞻力"是万通的核心竞争力之一,就是站在未来安排今天,以战略导向替代机会经营;就是要在未来找一个支点,引领自己的企业,创造未来,赢取未来。不断通过"创新"而"领先",这是万通决胜于未来的重要战略原则。

冯仑认为,前瞻力决定了企业的战略,把前瞻力保持下去,长期坚持,才有可能把它变成核心竞争力。那万通要如何来坚持这种前瞻力呢?2005年的一次媒体采访中,冯仑提到,战略规划里讲的使命、核心价值、预期结果和愿景,是保证万通能够积极地站在未来安排今天的深层的核心价值理念。

如果我们不想成为符合国际规范的、优秀的公司,如果我们不把创造最有价值的生活空间作为我们的愿景,如果我们不想成为一个有社会责任感、推动社会进步的企业,如果我们不想成为一个最受人尊重的企业,就没有这四样东西(使命、核心价值、预期结果和愿景),我们就不能有这样的心情,站在未来安排今天。我们的核心价值观支撑着我们的核心竞争力。有了这四样东西,我们才能坚持站在未来看今天,这样,我们的前瞻力就有了必然性,这样就会保证大家在价值观上,在做企业的方向上,有一个必然性,来指引我们不断创造、提升我们的核心竞争力,这就是我们的前瞻能力,这点非常重要。

多年以来,万通在制订战略、做事方面始终重视前瞻能力。万通提出要用美国模式取代传统的香港模式,之后有了新的战略,并按照新战略变成了一个专业的房地产投资公司,随后又有了四大板块的业务,地区战略和子战略等延伸的一些东西。这几年,大部分地产企业都在忙于应付激烈的市场竞争,但万通却反复强调研究商业模式、商业周期。随着121号文件(中国人民银行《关于进一步加强房地产信贷业务管理的通知》)的发布,越来越说明万通做的是一件非常有前瞻性的事情,真正研究透了商业模式。

冯仑意味深长地说道:"反省会是万通地产的加油站和牵引力,指引企业发展方向。"万通的目标就是要成为最理性、最有前瞻力、最持久的公司。和其他企业相比,万通最大的优点是长期思考,研究问题,在一些关键问题上总比别人觉醒得更早,从而做出相应的决策。这是万通活下来的根本。

5.承认失败是最大的勇敢

很多人觉得,判断一个人是否勇敢,要看他在危险面前如何表现。面对危险的时候,挺身而出的就是勇敢者,畏缩不前的就是懦弱者。其实不然。能够真正检验出一个人是否勇敢的,并不是危险,而是失败。在面对失败的时候,坦然承认,之后努力再来,才是真正的勇敢者。

1993年,海南有18000家房地产公司,基本上每一家都是赚钱的，有人调侃说，当时甚至已经到了房地产企业老总见面打招呼时常会说"不好意思，又挣钱了"这种地步。可任谁都知道，一个海南省是承载不了这么多房地产公司的，这里面一定有泡沫。事实确实如此，很快，国家就进行了宏观调控，海南的房产泡沫破灭了。一时间，房产公司相继倒闭，到今天，18000家剩下不到18家。

在海南房地产业最火的时候，冯仑他们还是相对冷静的，没有像其他人一样疯狂拿地，不过在一个疯狂的环境中，想要保持绝对的冷静也是非常难的。那时候，万通也存在扩张过于迅速的问题。据冯仑说，那种日进斗金，总有新项目上马的感觉很是舒服，让人有一种统领全局的感觉，会让人飘飘然。而且，那时候的万通也确实是飘在天上的，他们的业务遍布全国，很多人都知道他们，也愿意跟他们合作。

海南的房产泡沫破灭之后，这一切就都变了。为了偿还先期的贷款，万通压缩了规模，变卖了很多项目，最后几个兄弟分开单干。虽然合伙人之间的友谊还在，但几个人的风光已经不再了。

冯仑说，万通压缩之后，那种飘飘然的感觉也消失了。以前每到一个城市，都会有人车接车送，但后来只能自己打车；以前到一个地方，就会有人请自己吃饭，一口一个大哥地称呼自己，可那时即使想请别人吃饭，叫别人大哥，别人都未必给面子。所谓世态炎凉，不过如此。

对冯仑来说，这或许就是失败的滋味。不过冯仑没有抱怨过，也没有给自己找借口，而是坦然接受了。他觉得，自己确实是失败了，这点别人早已看出来，自己也应该坦然承认。

一个失败者，最可怕的不是承认自己失败，而是逃避失败的事实。明明已经失败了，心中却依然做着成功梦，这是要不得的，这种逃避会让你无法正确认识形势，无法从头开始。面对失败，我们要做的应该是坦然接受,然后立即翻过这一页,重新再来。在是否失败上纠结、耽误时间,就是放弃再次成功的机会。

冯仑是坦然的,他接受了自己失败的事实,很快就翻过了那一页,没多久,他就重新站了起来。

一个管理者,必须是一个勇敢的人,因为他的肩上担着整个团队的利益,有着无限的责任。这是属于管理者的担当,更是管理者的竞争力。

1989年7月,只有4000元的史玉柱拨通了《计算机世界》的电话,跟他们说自己要做一个价值8000元的广告。对这个广告,他只有一个要求,那就是先登广告,之后他再付钱。这简直是在赌博。后来,成功后的史玉柱说,如果当时那个广告没有效果,那他只能付一半广告费,然后逃之夭夭。不过,人生没有如果,他成功了,两个月后,史玉柱赚到了10万元。他没有用这笔钱买设备、找人才,而是将其全部投进了广告。4个月后,他成了一个年轻的百万富翁,并创建了巨人集团。

那之后,史玉柱的事业一路顺遂,业务范围覆盖很大,成了商界一颗耀眼的新星。世界上从来没有绝对一帆风顺的事,在事业上一直很顺利的史玉柱不久便遭遇了失败。巨人,这个曾经的商业巨擘一瞬间倒塌了,跟着它一道倒下的,还有史玉柱的经营神话。

在一般人看来,这个打击是巨大的,不过史玉柱并没有被击倒,他坦然承认了自己的失败,并重整雄心,打算再次来过。

1998年,山穷水尽的史玉柱找朋友借了50万元,开始运作脑白金。2000年,公司创造了13亿元的销售奇迹,一跃成为保健品的状元,公司规模更是超过了鼎盛时期的巨人。

2002年年末,史玉柱开始玩网络游戏《传奇》,并很快上了瘾。但他从来没有失去作为一个商人的嗅觉和敏锐,他意识到:"这里流淌着牛奶和蜂蜜!"

2004年春节后不久,史玉柱召集公司高管开会,讨论再投入网络游戏行业晚不晚。当时, 中国的网络游戏行业已经高速发展了3年,市场竞争非常激烈,但史玉柱还是说服了大家。同年11月,史玉柱的征途公司正式成立。他推出了一种前所未有的新游戏模式,即不按照玩家在线时间收费,而需要玩家买装备。这一新鲜的模式以及《征途》本身的魅力,很快就为游戏赢得了大量玩家。

经历失败并不可怕,可怕的是被失败打倒。管理者可以输,可以有暂时的失利,但绝对不能自己放弃。

冯仑在《承认失败是男人对自己的勇敢》里写道:"征服外面的世界能带来快感,但也难免有遭遇失败的时候。我认为,失败了以后不承认失败,那不够男人,只要你承认失败,就是更男人的。我有一个特别深的体会, 因为我周围很多人絮叨也有一些挫折和失败,后来我发现面对失败时,男人有两种特点:懦弱的男人总是唉声叹气,然后就出局了;勇敢的男人承认失败,往往能从失败中走出来。所以我经常讲,承认失败是男人对自己的勇敢,你对别人勇敢是拿刀砍别人,真正的勇敢是拿刀砍自己。承认失败是真正的男人,你承认失败还有机会再赢;你不承认失败或失败以后不愿意面对这个事情,实际上你已经彻底出局了。"

6.做别人不做的事

冯仑认为,做别人不做的事,并将之做好,就离成功不远了。

万通地产股份重分之后,归到了冯仑一个人名下,他成了名副其实的万通领导者。在经过一系列努力之后,停下来的列车再一次飞速向前运行,万通又崛起了。

冯仑一直有一个看法,那就是一个人跟什么样的人在一起做朋友,就会养成什么样的性格;一家公司跟什么样的企业合作,就会有什么样的发展。他觉得,如果跟伟大的公司合作,一定可以学到很多东西,让自己的公司也变得更强大。而在万通的发展史上,有一个很重要的项目就是跟香港置地合作的。

项目名称是新城国际,可是,在谈判的时候出了点问题。如果按照合作方的要求来做,那么万通地产就要付出将近8000万的中介费用。这不是一笔小数目,更重要的是,在北京所有的住宅小区项目中,从来没有哪一家在这一块上花过这么多钱。

这时候,冯仑的很多朋友都出来劝他,说他是大股东,没必要出这么多钱,这样做成本会增加,生意也不好做。而且,对方这种狮子大开口的行为,显然有点故意黑钱的嫌疑。所以,按照大多数人的看法,这个项目不应该去做。

可冯仑不这么认为。他觉得对方是知名的大公司,千里迢迢跑到这么远来做生意,肯定不是为了黑自己这点钱。而且,换个角度想,自己从未走出去到发达地方看过,不知道别人是怎么操作的,或许在他们那里,这样的做法很正常。

当时，冯仑将自己比作一个刚进城的农村小伙子，觉得自己正处于看什么都觉得太贵不划算的阶段。如果想要适应城里人的生活，做一个有眼界的人，就要改变自己的行事方式，该花的钱就得花。于是，冯仑决定拿出这笔钱，跟对方合作，做一个别人眼里的"傻瓜"。

最终证明，冯仑的决定是对的，他们跟香港置地合作的那个项目很成功，而且之后一直在合作。冯仑说，跟香港置地合作的十几年间，自己改变了很多，从他们那里学到了很多东西，自己的公司也因此变得更加现代化，更能跟国际接轨了。

成功有时很简单，就是敢去做别人不愿意做的事情。冯仑选择了这条路，不仅为公司赢得了一个好的项目，还获得了一个好的合作伙伴，更学到了很多先进的管理和经营的经验。

360杀毒软件一上市就引起了轰动，之所以如此，不是因为它的功能强大，也不是因为它在技术上做了大的创新，而是因为两个字——免费。在互联网时代，免费的东西很多，像邮箱、搜索等都是免费的，可是杀毒软件却一直是收费的，而且，业界将此当成最后的堡垒。可是，周鸿祎将这个堡垒从内部打破了。他这么做引起了很多同行的不满，觉得他是在扰乱市场，而且，做杀毒软件的公司不靠杀毒软件赚钱，注定会失败。因此，当时很多人都不看好他。但周鸿祎始终坚持免费的理念，最终不但没有失败，还取得了巨大的成功，360早已成了绝大多数用户的不二选择。

在总结周鸿祎为什么会成功的时候，很多人都将原因归结为一点：他做了别人不做的事情。杀毒软件行业存在已久，而且有很多公司都很知名，但他们都被360打败了，原因就是周鸿祎做了一件大家都不愿意做的事情。

　　我们已经习惯了传统的思维和行为方式,但很多时候,管理者只有打破这种习惯,做别人不做或人们认为不对但又对人无害的事情,才更容易获得成功。它需要的是一种反向思考的能力,管理者要学会从另一个角度,甚至从对立的角度去思考。当一个商家将客户看成自己的对手,千方百计想从客户的钱包里将钱掏出来的时候,用反向思考的方式,给他们提供更好的体验,做别人不做的事情,自然更容易让客户花钱。站在客户的角度上想问题,做竞争对手不做的事情,成功指日可待。

第五章

用钱生钱,站在未来投资今天

1.要投资,不要投机

投资的冲动来源于金钱本身,也就是人们对财富的占有欲望引起的冲动。冯仑认为,人类社会由钱到钱的行为,实际上有三种:一种是赌博,赌博也是由钱到钱,压着钱,又生出钱;一种是投机;另外一种是投资。

这三种行为都是由钱再生出钱来,但又有区别。从时间上划分,赌博是最短的,是瞬间的事情,非常快。在经济学上分析说,把钱放到股票或其他投资产品上,不超过一年,然后再把它卖了,多数被理解为投机;一年以上再卖,往往被理解为投资。所以,从时间上比较,赌博的时间最短,投资的时间最长。投机介于赌博和投资两者之间,它的预期有时候确定,有时候不确定,所以,投机有一定的赌博成分,但也有一定的投资成分。

关于投机和投资的区别,冯仑进一步解释说:

比如我们做房地产,时间非常长,项目前期都得18个月到20个月,然后等到全部做完得五年七年了。在北京20万平方米以上的项目都得7年到10年,这个行为就是投资行为。但这过程中,也有从事房地产投机的,比如买了块地,不到一年,来了一个人要,就又把它卖出去了,人家就会说他是投机。

从对象上也可以区分出投资和投机的不同。投资的对象是一个比较具体的、看得清楚的东西,比如一个企业、一个工程,都是非常具体而明确的。而投机则不然,它的对象一般来说是一个短期的机会。而赌博的对象就更加无法确定了。

另外,投资与投机和赌博最大的不同体现在预期上面。赌博没有预期,因为每一次结果都无法预测,所以,收益能否覆盖住风险也无法预期;投机是有预期的,不过机会稍纵即逝,难以把握;投资的预期,从一开始就非常清楚,而且收益必然能够覆盖住风险,只要按照投资计划做,实现这个预期也就是顺理成章的事情了。

冯仑对于赌博、投机与投资的思考,其独到之处,并不在于上述区分。冯仑之所以被称为"地产思想家和哲学家",不仅仅是因为他具有商业方面的真知灼见,更是因为他善于把商业问题与人生问题挂钩,做出深入浅出的探讨。仅以投资问题为例,他特别关注与人类行为关系密切的投资活动,并把投资问题引申到人生态度上去观察。

作为投资达人,雷军的每一次投资都不是盲目的。在决定投资前,他要做的第一个工作就是选定一个方向,而这个方向一定是在自己熟悉了解的行业里。他说:"我在想未来10年,什么东西是中国的方向？其实，谈未来10年是一个很容易的事情，每个人对未来10年都有自己的判断。但是结合中国大市场的环境，找出几个领域，我认为这才是真正有价值的东西。"

在近20年的职业生涯里，雷军做过不同的工作，有电子商务、软件、网络游戏等，且参与得都比较深入，从产品研发、市场推广、销售到管理各个环节都非常熟悉。凭借这些经验，雷军对他的投资给定了一个大的方向，即与互联网相关的衍生领域。在这个领域的众多方向里，他又选择了3个主要方向：第一个是移动互联网，第二个是电子商务，第三个是互联网社区。雷军说："我投了20家公司，主要定了3个方向，我在这20家公司的投资百分之百都在这个领域里面。"

雷军认为，"谷歌"和"苹果"之所以伟大，就是因为拥有"专注"和"极致"的基因。创业者从创业之始，就要坚持"专注"和"极致"，才有机会做成一家像"谷歌"和"苹果"那样伟大的公司。

20世纪90年代中后期，互联网的浪潮在中国刚刚兴起，而后迅猛发展，许多互联网公司纷纷出现，如腾讯、百度、阿里巴巴。在投资互联网以前，雷军花了很长的时间思考什么是互联网。他发现在这个即将到来的互联网时代，他们这些忙于软件开发的人对这个行业了解甚少，自己似乎成了落伍者，要被这个时代抛弃了。

在雷军眼里，互联网是一个平台，借助它可以拓展很多其他业务。明白这点以后，雷军借助互联网做起了电子商务。2000年，他创办了一家电子商务公司，名为"卓越网"。2004年，他将卓越网以7500万美元的价格出售给全球电子商务巨头亚马逊，就是今天的亚马逊中国。这次经验让雷军对电子商务有了更加深入的了解。当他转身做投资人的时候，并没有放弃电子商务这个领域，他说自己只给自己熟悉的人、熟悉的领域投资。2005年，雷军再次与老搭档陈年合作，投资其创办的"我有网"，但是因对行业环境判断失误，"我有网"陷入了困境。陈年似乎有些灰心，沉寂了两年，但雷军对陈年及电子商务这个行业仍旧抱有信心。2007年,陈年振作精神,决定重新做老本行,创办了"凡客诚品"。雷军觉得陈年一定会再成功,于是决定继续支持陈年。他不但给予陈年资金上的支持,而且身体力行地为凡客诚品做起了广告。雷军既是凡客诚品的第一个试衣模特,也是凡客诚品的第一个明星代言人,更是凡客诚品始终排名前五的VIP用户。

凭借高性价比的服饰和完美的客户体验,凡客诚品已经成为网民购买服饰的主要选择对象。雷军坦言,几年前从零开始投资凡客诚品,是目前所有投资中最为成功的。

从人生的角度讲,投资并不一定直接体现为现金投入,还经常体现为精力、感情、时间等其他因素的投入。无论男人还是女人,都是如此。有的人,在工作上这山看着那山高,哪里有个小机会立即就拥上去,没有自己的方向,稳不下心来,投机甚至赌博的心理太重。这种人,也许刚开始显得很有效益,但时间越长,越不如踏踏实实、稳健如一的人。

比如王石,他下海前17年,每年挣的钱连10万都不到;17年后开始挣钱,现在钱多得挡都挡不住,成了亿万富翁,而且拥有名望、地位和自由。而当初那些风光一时的投机者呢?现在有几个获得了王石这样的成功?

总的看来,冯仑认为真正的"投资"一定是稳健的、长期的,其未来是可以预期、可以控制的。这与机会主义的"投机"和冒险主义的"赌博"有着本质的区别。无论从纯粹经济学角度,还是就人生道路而言,都是如此。

2.投资时间,只选择一件事去做

关于在时间上的投资,冯仑有一套相当独到的见解。他认为,时间既是生产资料,也是消费资料,既是资本品(投资品),也是消费品。有人在海滩上晒太阳,有人开车去西藏自驾游,有人去参加汽车拉力锦标赛,还有人去高尔夫球场耗上一天的时间。当然,这是中国人的做法,而且只是一小部分中国人的做法。在欧洲,那里的人看起来都非常悠闲,喝一瓶啤酒就能用掉一下午的时间。对这些人来说,时间就是消费品。

对于大部分人来说,时间是资本品。他们每天加班加点地工作,要靠时间去换取金钱。在这个过程中,时间就是一种资本,消耗时间就是生产。所以,在人类有限的一生中,有一个互相排挤的效应,也就是说,你拿多少时间用来生产,它是挤兑你的消费时间的。这就好像那些工作狂,他们把时间都花费在工作上面,整天加班加点忙个不停,自然就没有时间陪家人、朋友,这就属于把大量的时间用于生存和工作,却不能大量享受和消费时间。所以,在时间的投资上,你得到的回报也许是金钱,但也可能就是时间本身。当温饱不成问题的时候,时间本身就变成了特殊的消费品,甚至是奢侈品。

在冯仑看来,投资时间可能会出现三个规律。

第一,时间是单向的、不可逆的,所以,人在时间的选择上具有唯一性和不可替代性。

人在空间的选择上是可以重复的,比如同一个地方,我们今天来、明天来,甚至一年后再来,空间上是没有变化的,但时间却发生了很大的变化。因此,冯仑说,因为每个人行为的选择都是有限的,所以必须在有限的时间里去做一些特定的活动。

在时间上的投资,如何才能做到收益最大化呢？为了能够让人算清楚这笔账,冯仑深入浅出地做了解释：

我们往往是自以为聪明地去想一件事,好像能做甲也能做乙,能做这件事,也能做那件事。但即便你是聪明人,由于时间有限,假定说大家都只活80岁,你做10件事,就是从小开始,每件事也只能用不到10年的工夫去做。而一个比你笨的人,可能一生就做了一件事,他就是在这事上花出多你一倍(20年)的时间,还富裕出好多年呢！所以,他连玩带做,一定很轻松,实际上他在这件事上面的收益会大于你每件事做10年的收获。

第二,时间越长,回报就越高。在这方面,有"华尔街股神"之称的沃伦·巴菲特就是一个很好的例证。

巴菲特自小就对投资有浓厚的兴趣,起初他用300美元做投资,后来做成了拥有400亿美元身价的世界第二大富翁。他的投资之道其实非常简单,选择好公司的股票,然后就一直放着,一放就是20年之久。有很多买股票的人都是买了卖、卖了买,进进出出忙个不停。又有几个人会像巴菲特那样一放就是20年呢？在成为"大师"之后,巴菲特总结出了很多炒股的诀窍,有两个环节是他特别强调的：一个是买对,另一个就是长期持有。正是因为他持有股票20年,所以才会获得巨额的回报。

第三,要看投资的对象,或者说在一个时间段上所确定的对象是否正确。

投资的对象非常重要，如果对象选错了，你投资的时间不仅不会带来应有的收益，还很可能会变成负值，时间越长，灾难越大。所以说，事情的性质一方面是由时间决定的，另外一方面是由投资对象决定的。

钢铁大王安德鲁·卡耐基曾告诫年轻人："获得成功的首要条件和最大秘密是把精力完全集中于所干的事。一旦开始干哪一行，就要决心干出点名堂，要出类拔萃，要点点滴滴地改进，要采用最好的机器，尽力通晓这一行。而失败的企业是那些分散了资力因而意味着分散了精力的企业。它们向这件事投资，又向那件事投资；在这里投资，又在那里投资，方方面面都有投资。"

安德鲁·卡耐基认为，"别把所有的鸡蛋放入一个篮子"之说是大错特错的。他说："要把所有的鸡蛋放入一个篮子，然后照管好这个篮子。注视周围并留点神，能这样做的人往往不会失败。照管好那个篮子很容易，但在我们这个国家，想多提几个篮子因而打碎鸡蛋的人也很多。有三个篮子的人就得把一个篮子顶在头上，这样很容易摔倒。美国企业家的一个错误就是缺少集中。"

奇瑞汽车董事长尹同耀集中5年精力，专攻发动机的开发。其间，令他眼花缭乱的诱惑不可谓不多：有人用合资方法，有人用金钱购买技术……但他没有，他把自己的大部分时间都放在自身发动机的开发、研制上，一心一意地只想怎样在汽车世界中寻找商机，结果，他的专注帮助奇瑞在汽车领域站稳了脚跟。

在我们的工作中，有种很常见的现象，已布置的工作，如果没有督促就不会有积极的反馈。譬如，许多人在年初列出了一系列计划和目标，并且细分到每一个阶段，所做的事情也排好了顺序，但是到了年底，这些目标、计划、任务完成得如何呢？要么统统没有了下文，要么只有包含着大量"大约""可能"等词汇含糊不清的总结。

这些人之所以没有做好事情，不是因为他们能力不够，也不是因为计划不周全，而是因为没有专注于自己的行动。他们做事时往往是一会儿干这个、一会儿干那个，对自己的目标容易产生怀疑，行动也始终处于犹豫不决之中。譬如，他们看准了一项事业，满怀热情地着手去做，但刚做到一半又觉得做另一件事更有前途，于是放弃了原来做好一半的事情，去做一项新的工作。这种人也许能在短时间取得一些成就，但从长远的职业规划来看，最终一定会沦为失败者。

德国大诗人歌德说："一个人不能同时骑两匹马，骑上这匹，就要丢掉那匹。聪明的人会把凡是分散精力的要求置之度外。"

如果只选择一件事去做，虽然会多花一些时间才能做好，但它能够给人带来更多的时间。这就是投资时间收获时间的道理。如果我们能够花足够多的时间去做一件事情，就可能成为这件事的主宰，还可能因此而获得收益。此外，我们还可能获得很多闲暇时间，那样，我们就可以利用闲暇时间去做别的事情。

3.投资于人的"价值"

冯仑认为，和时间、物品一样，人也可以是投资品。投资于人主要是投资于人的才能、政治前途和人际关系。尽管投资于人有很多种方法和动机，但总体来说，都是希望得到一定的回报。

众所周知，投资于艺术家是最典型的投资于人的才能的行为。

冯仑在《野蛮生长》一书中讲过这样一个故事：

有一天晚上，我到一个收藏家的家里闲玩，发现他是这么投资于人的才能的。他说他把一个画工笔画的人给买断了。那个人从五六岁就开始跟着家里学工笔画，现在四十七八岁，已经练了40年，在中国没有一个人比他画得好，他画出来的羽毛看上去跟真的似的，比拍的照片还真，他能画出那种感觉。收藏家把这个人买断了，买断15年。今后15年里，这个画家所有的画他都收，一英尺4000元。买断以后，就开始包装，向市场推广这个人。现在，这个画家的作品已经到一英尺一万元了。但他不需要先给画家钱，画家画完一张才给一次。他说这种画画得特慢，一张画，大一点的要画两个月，太精细了，所以产量也不会大。那么15年以后，这个人为什么就不值钱了呢？他说，画工笔画的15年以后手就哆嗦了，功夫就不好了，所以15年以后的价值一般都要往下掉。

这个故事里的收藏家就是一个投资艺术家的高手。他买断了画工笔画的人15年，在这15年里，画工笔画的人每画出一英尺的画，收藏家都能赚6000元。这样算下来，收藏家能赚一大笔钱。而且，他还判断出画工笔画的人15年以后就画不好了，所以只投资他15年。冯仑评价收藏家道："这就叫买断人的能力。"

投资于人的政治前途，也可以获得经济利益。在这方面，历史上最成功的人物非吕不韦莫属。

吕不韦(约公元前292年—约公元前235年)，战国末年卫国濮阳人，原籍阳翟(今河南禹州)。吕不韦是阳翟的大商人，往来各地，以低价买进，高价卖出，积累起了千金的家产。

作为商人，其获利的方式无非两种：投资和投机。投资主要靠才能智慧，而投机除了智慧，还得需要勇气，因为投机的利润固然很大，但风险也同样大。可总有一些"勇气可嘉"的人无畏于风险，吕不韦便属于这样的人。他把自己的全部家产都押在穷困落魄还身为人质的子楚身上，认为他是"奇货可居"，于是进行了一场豪赌。最后，他成功了。

在见到子楚后，据说吕不韦回家和自己的父亲进行了一场对话。

吕不韦问父亲："耕田能获几倍的利？"

父亲答："十倍的利。"

吕不韦又问："经营珠玉能赢几倍的利？"

父亲答："百倍的利。"

吕不韦再问："帮助立一国之主，能赢几倍的利？"

父亲答："无数的利。"

吕不韦认为，既然能获无数的利，这样的买卖就值得一搏。在别人看来，子楚不过是秦王庶出的孙子，又在赵国当人质，生活困窘，很不得意，无论如何是不会有什么出息的，而且，赵国随时可能杀了他，他能保住自己的小命就算不错了。可是吕不韦有远见，他自信按照自己的想法策略，子楚一定会是另一番命运；同时，自己的命运也将随之改变。

于是，吕不韦开始了对子楚的风险投资。他一方面拿出大量的金钱供子楚去结交权贵宾客，以树立他的形象和声望；另一方面又带着大量的名贵珠宝去秦国讨好受宠的华阳夫人。华阳夫人虽被立为正夫人，却没有儿子。吕不韦一心促成华阳夫人认子楚为子，这样，子楚将来就能名正言顺、轻而易举地夺得太子之位，进而成为皇帝。而子楚已经答应吕不韦："如果实现了您的计划，我愿意分秦国的土地和您共享。"

子楚继位后，兑现了自己对吕不韦的承诺，任命吕不韦为丞相，封为文信侯，河南洛阳十万户作为他的食邑。可惜子楚在位仅3年就死了，子楚的儿子嬴政继位，尊奉吕不韦为相国，称他为"仲父"。至此，吕不韦的辉煌可以说达到了顶峰。

冯仑认为投资于人的回报，特别是在安全上的回报，比一般的投资或者存银行要高得多。为了说明这个问题，他在《野蛮生长》中打了一个比方：

比如我有60万元钱存在银行，遇到麻烦会是个什么结果呢？第一，兵荒马乱中到银行去取钱，银行可能说不上班；第二，真出事了，要吃粮食，银行不能变出粮食，存在里边的钱也不能变成粮食；第三，这个钱还贬值，还收利息税。但如果投在6个人身上，一人10万元，只要有一个人相对比较成功，或者一直关系不错，那么遇到危机的时候，他肯定会先打电话问有什么事，或者直接冲过来帮忙。万一他发达了，10万元或者50万元，对他也不是大事，不用你到银行，他就直接给送过来了。所以，投资在人身上是值得的。而把钱都简单存在银行，或者说把它变成一个死的东西，是很短视的。好的企业，一定要在人身上投资，要不断地发现优秀的人才，并且能很好地培养他们。一个好的经理人，除了要做出一个好的产品，管好一个公司，更重要的是不断培养出很多人。

冯仑指出，投资于人是投资在他的技能上，还是投资在他的价值观上，这点也非常重要。一般来说，人们比较喜欢投资在人的技能上，因为他们相信技能会转换成一种能力，能够为他们带来回报。但技能是很容易学的，单纯的技能并没有多大的竞争力。所以，投资在价值观上才是正确的选择。冯仑把在价值观上的投资比作给人生装上一个GPS（全球定位系统），人生观就是人一生的卫星定位导航仪，能帮助我们在人生的任何时候都能找到方向，找到方向就意味着会有生存能力。

　　投资于人的价值观，就是要考察清楚人的世界观、人生观，最重要的是要花时间去了解、发掘、研究、塑造他的价值观，使他的人生有一个好的GPS。价值观会决定每个人的行为方式，也会决定他会做哪些事情，会跟哪些人在一起。不同的价值观，最后会把人区分开来，决定人一生的幸福和方向。

4.最应该投资的就是"趋势"

　　关于究竟是投资"机会"还是投资"趋势"的问题，冯仑认为，对于趋势的判断，难点在于如何看待未来。他总结出了三种判断未来的方法。关于这三个方法，他在《野蛮生长》中写道：

　　一是把别人的历史当作我们的今天和未来。北京现在的人均GDP(国民生产总值)是6000美元，纽约是6万美元，那么，我们就把人均GDP从6000美元到6万美元之间别人走过的历史当成我们的未来。这是一个最简单的方法。另外一个方法就是做逻辑研究和推演，按照人类历史发展已有的知识，进行逻辑上的分析，从经济学、政治学、法律方面研究，得出对趋势的一个判断。最后一个方法是去感知，用知觉和经验感知未来。最好同时运用这三种方法，最后综合起来，形成对未来的总看法。

　　冯仑认为，趋势和机会的界限并不明显，趋势可以被认为是重大的机会，机会也可以被认为是短暂的趋势。尽管如此，它们之间还是不能笼统地混为一谈。一般来说，趋势往往是不可见的，而机会却是可见的。趋势不容易看清，更不容易把握，每个人看见的趋势都不一样，因此，每个人都会用不同的方法看待未来。一个人看待未来的态度决定了他怎样对待今天，以及怎样安排现在的工作和生活。那些聪明、成功的人，往往都看清了趋势，对趋势的判断非常准确，因为只有这样，他才能在趋势变成现实之前做应该做的事情。

前些年，很多人认为互联网会成为中国的主流趋势。但当互联网泡沫破灭以后，那些人对互联网的态度转了一个一百八十度的弯，认为有三大难题阻碍着互联网的发展，这三大难题是不可克服的：第一是缺乏信用，支付问题没有办法解决；第二是物流的问题无法解决；第三是中国人普通知识水平较低，所以会对互联网的发展产生限制。在这样的观点下，很多人都放弃了互联网。但是，马化腾、马云等人始终坚信互联网会成为中国的主流趋势，所以一直做了下去，结果有了如今腾讯、阿里巴巴等一批生意火爆的互联网产业。

那些放弃的人为什么没有取得成功呢？就是因为他们没有正确判断出趋势。这也说明，要想准确判断社会趋势是非常难的。关于这一点，冯仑深有体会。

1993年时，海南房地产市场的泡沫破裂，冯仑回到北京，很多人劝他不要再做房地产，还给他指出了很多其他赚钱的行业。冯仑通过对中国社会现实的观察，参照国外的历史发展轨迹，准确地判断出，中国的房地产行业还会发展起来。所以，冯仑没有听从别人的劝告，坚持继续做房地产。1999年以后，房地产又变成了一个主流，变成了支柱产业，万通也借此机会慢慢发展了起来。如果当时冯仑不能正确地判断未来的趋势,也就不会有今天的万通了。

一家公司最应该投资的就是趋势,最明智的战略是根据趋势来定的。战略导向就是,先确定一个正确的方向,然后不断地努力,累积核心竞争力,逐渐实现目标。与战略导向相对应的是机会导向,也就是今天做这个,明天做那个,哪个项目有点薄利就立即挤过去,觉得难做就马上跑开。投资趋势是一种稳健的投资方式,一般会得到更高的回报。也就是说,一家公司必须要有战略,用大的战略方向来引导公司的发展,之后按照一个趋势去发展自己的业务。

比如,当国内房地产市场有调控时,企业就要对什么是趋势、什么是未来进行一番细致的分析。

冯仑认为,以后中国人均GDP达到1万美元,甚至更高的时候,商用不动产的价值会不断上升,并取代民用不动产而成为最重要的产品市场,动产金融也会随之发达起来,到那时,房地产的直接融资将会成为主流。

过去几年,国内房地产市场的集中度有了很大的提高,在A股市场中,排在前10名的房地产公司的市值已经发生了巨大的变化,从过去20~30亿元达到了100亿元以上,第一位已经突破了2000亿元,集中度变化非常快。这些都是未来的趋势。万通要想获得更高的收益,就必须针对这一趋势来制订合适的战略。

冯仑指出,要把投资做好并不是一件容易的事情,要求你修炼所有的功夫,在别人看不见的地方去发现一个事物真正的价值。这些价值包括时间的价值、人的价值、趋势的价值以及公司的价值等。如果你能把这些价值充分挖掘出来,那么在市场上获得高额的回报也就成了顺理成章的事情了。

5.先知先觉,正确判断未来

企业家遇到的真正艰巨的挑战并不是创业之初的"创业难",而是取得一些成绩以后,面对未来的艰难抉择。具体说,就是要弄清楚往哪个方向投资才是正确的。冯仑认为,在这种时候,企业家正确判断社会发展趋势的能力,亦即判断未来的能力尤为重要。

据冯仑观察,在他所接触到的成功企业家中,除了赚钱的具体行动能力以外, 他们身上最重要的能力就是正确判断未来的能力,这种未来不是虚无缥缈的,而是可以把握的、"看得见的"未来。

冯仑的这个观点,与李嘉诚不谋而合。

李嘉诚非常重视判断力的作用,他说:"具有判断力是成功的重要条件,凡事要充分了解,详细研究,掌握准确材料,自然能做出正确的判断。"这里所说的判断力,当然也包括判断未来的能力。当一个企业已经非常强大的时候,它的大方向——具体而言,就是它的投资方向——就会变得越发重要;而大方向是否正确,取决于企业领导对社会趋势及未来的判断力。

1998年李嘉诚在夏威夷度假时,公司秘书给他打了一个紧急电话,告诉他当时的香港特首董建华要见他。李嘉诚不知道是怎么回事,但他的直觉告诉他,董建华整天事务缠身,如果没有特别重要的事情,是不会急着找他的。于是,李嘉诚提前结束了在夏威夷的度假,与长子李泽钜一起返回香港。

在飞往维多利亚海湾的客机上,李嘉诚无意中看到了一张当天在旧金山出版的英文报纸《华盛顿邮报》,上面刊载着一天前董建华发表的《1998年施政报告》。在报告中有这样一段话:"香港正从亚洲金融风暴带来的危害中挣扎奋起,我们已经看到一个新香港正在摆脱阴霾带来的困境,新的经济腾飞正在酝酿着并很快会变为让世人观瞻的现实。"在董建华提到的如何让香港经济新腾飞的措施中,有这样几句话引起了李嘉诚的注意:"我们要把祖国中医药宝库的开发引入运营机制,因为它从前一直被我们香港的商界所忽略。我相信经过几年时间的努力,香港肯定会成为一个国际性的中医中药营销中心。"

李嘉诚把这段话读了又读,此时虽然还不知道董建华为什么会在自己的施政报告中特意提及中草药,但是他隐约感到自己可能和这件事情有关。回到香港后,李嘉诚带着长子李泽钜去见董建华。在交谈中,李嘉诚得知董建华打算让李嘉诚的长实集团经营中草药。李嘉诚很早以前就接触过中草药,还去过北京同仁堂中药店,因此,李嘉诚对中草药有比较深刻的理解和认识。这些因素让李嘉诚对经营中草药的前景充满信心。于是,他在长实集团总部连夜召开了一次重要会议,在会议上,他正式提出了尽快将中草药列入能够促进香港经济增长的计划,优先考虑并尽快付诸行动。

后来的事实证明,李嘉诚对中草药的发展做出了正确的判断。自2004年至2005年年底,李嘉诚麾下的和记黄埔不断向前推进,逐步占领了欧美药品市场,最后建立大小中药材零售商店多达1000家,成为世界上所有经销中成药势力最大的企业之一。

可以说,李嘉诚对于中草药的未来做出了一个准确的判断。正是在这个判断的引导下,和记黄埔才能够有意识地在这个领域进行大规模扩张。

事实上,在李嘉诚的商业生涯中,很多次成功都是准确判断未来的结果:最初塑料花的投产,走在了时代的前列,而塑料花业务的停止，也发生在该行业的竞争恶化之前；后来到大陆的多次投资，都是走在相关风潮开始之前。毫无疑问，作为一个大企业家，与其说李嘉诚是一个管理者，不如说他是一个把握住了趋势和未来的战略家。

作为一个企业家，冯仑在管理方面有一个著名的理论：董事长或者创业者应该做的工作，只有三件事——看别人看不见的地方，算别人算不清的账，做别人不做的事情。他特别强调"看别人看不见的地方"，这个神秘的地方，其实就是趋势和未来。

岛村芳雄是岛村产业公司及丸芳物产公司董事长。当年，他背井离乡来到东京一家包装材料店当店员时，年薪只有18万日元，还要养活母亲和3个弟妹，时常囊空如洗。他回忆说："下班后，在无钱可花的情况下，我拥有的唯一乐趣，就是在街上走走，欣赏别人的服装和所提的东西。"

有一天，他在街上漫无目的地散步时，注意到女性们无论是花枝招展的小姐，还是徐娘半老的妇人，除了都拿着自己的皮包之外，还提着一个纸袋，这是买东西时商店送给她们装东西用的。他自言自语：嗯！这样提纸袋的人，最近越来越多了。两天后，他到一家跟商店有来往的纸袋工厂参观，果然如他所料，工厂忙得热火朝天。参观完后，他终于下定决心，要大干一场。他认为，将来纸袋一定会风行全国，做纸袋绳索的生意肯定错不了。

之后，岛村辞去了店员的工作，用筹措来的资金设立了丸芳商会，开始做绳带生意，最终取得了令人瞩目的成绩，成了日本赫赫有名的"绳带大王"。

西方有句谚语："面对不可知的未来，一个人最直接的竞争对手就是上帝,他必须把自己变成先知。"要想做到这个层次,企业领导必须花费大量的时间去体验、观察人类社会,最后在别人看不见的地方,在事情发生之前就做出正确的判断,并且干净利索地出手。这要求企业家要具备独到的视野、非凡的观察能力、准确的判断力,以及果断的行动力。

6.站在未来安排今天

冯仑是一个聪明人,也是一个前卫者,不仅懂得观察当今市场,还会依靠强大的思考能力去预测未来的发展,并做到站在未来投资今天。所谓的站在未来投资今天,就是用未来可能出现的东西,来为今天的市场服务,也就是一种前瞻性的思维方式,在别人还一步步遵循发展,一点点做出改变的时候,冯仑已经预测出了未来,并开始构建未来了。总之,别人都是慢慢地适应时代,而冯仑却致力于改变和创造时代。

冯仑从事的是房产行业,在这个行业中,大多数企业都在研究人们当下的需求,然后根据这种需求制订具体的项目,从而去发展企业。但冯仑的思考不止于此,他还会想,几年后或者十几年后,人们的需求应该是什么样的?是否可以现在就用那时候人们的需求来构建产品,给消费者带来一种更强烈的冲击?

有了这种思维之后,他便不仅研究国内外房地产开发的特点,还研究趋势,研究未来。正是出于这种思维的驱使,万通投资地产的业务很早就转向了开发高档住宅小区。在当时,这是一种很前卫的做法。而事实证明,这种做法是成功的。

1999年,万通的新新家园项目成为中国第一个实施注册的高档住宅品牌,一开售就取得了很好的业绩,创造了当年北京房地产界的销售纪录,被评为当年的十大明星楼盘之首。很多人认为,万通的这一创新,为房地产业开辟了"第三条路"。

冯仑所以能够创造出这一傲人的成绩,靠的就是前瞻性的思维,能够用未来的眼光做现在的事情。在当时,人们普遍觉买房就是用来住的,实用性应该放在第一位。当时的其他房产公司也确实是按照这个思路在做事。可冯仑看到了发展,他认为,随着人们生活水平的提高,人们对住宅会有更多的需求。那时候,不仅要用来住,更是寄托情感,甚至是定位身价的一个重要方面。正是因为判断出了未来的趋势,冯仑才会转型做高档小区的开发业务。这就是判定未来的一种方式,用未来的思维做现在的事,用未来的手段赚现在的钱。冯仑的眼光是超前的,别人卖的是房子,但他卖的是价值和情感。这是社会发展,人们收入水平提高之后的趋势,这一趋势在还没有来临的时候,就被冯仑预见到了。所以,他成功了。

一家企业想要长久,不仅要适应当前的发展趋势,还要符合未来的市场需要。如果没有这份未来的眼光,那么不管这个企业多大,终有一天会被淘汰。就好像曾经的商业巨擘诺基亚,是全球最大的手机生产商,可就是因为没有能够掌握未来,不懂得用未来的思维去做产品,结果走向了衰落。

管理者不仅要有管理能力,还要有强大的分析和预见能力。只有把握住未来的趋势,才能够取得今天的胜利,让企业得到持久的发展。

一个企业的真正价值,不仅在于满足了人们当下的需求,还在于开发出人们未来的需求。在这一点上,做得最优秀的非乔布斯莫属。

2007年1月10日,苹果公司发布了首款手机iPhone,大家对这个产品充满了好奇和惊喜,而乔布斯也受到了人们的热捧,他再次为一个行业重新设定了游戏规则。在谈论到自己的产品时,乔布斯说:"你叫它未来的电话?我们叫它电话的未来。"

这就是乔布斯的能力,他把握住了方向,发现了未来,用未来的眼光制作了一款现在的产品。

其实,在创新的路上,乔布斯从来没有停止过。当人们还沉浸在手机给人们沟通带来的便利上时,当全球各大手机厂商还满足于自己现有的销量时,乔布斯已经开始着手研究性能更优且使用简便的智能手机了。这就是眼光,一种立足于未来、服务于现在的眼光。

正是凭借着这份先知先觉,乔布斯创造出来的"苹果"才会有那么大的魔力。

乔布斯一路走来,创造了iTunes、iPhone等一系列产品,这些产品可以说都是划时代的,它们有一个共同点:完全颠覆了原有格局,开创了一个全新领域。

能做到这些,不仅是因为乔布斯有眼光,可以预测和改变未来,还因为他有胆量,敢于做别人做不出的事情。例如在推出iPod后,苹果公司曾给予新加坡创新公司一亿美元,用以解决专利诉讼问题。在很多人眼中,这不是个小数目。但乔布斯并不后悔,因为他知道,想要探索那无尽的未知,是需要付出代价的。

很多人无法做出乔布斯的成绩,就是因为不敢承担风险,不敢付出代价。做别人没有做过的事情,就一定会遇到别人所不会遇到的风险。但风险越大,成就也就越大。

冯仑做了别人没有做的事情，成功了，乔布斯也一样。成就未来靠的是头脑和胆气的结合。仅有头脑是不行的，虽然看出了趋势，但不去做，等于没有看出来；仅有胆量也不行，纯粹靠运气的企业必将落入深渊。

想要成为一个成功的企业家，就必须具备发现未来的眼光和创造未来的魄力。有这两者的结合，就可以做到用未来投资今天。这是企业存在和发展的基础。

企业中，创造价值的是其中的每一个个体，但对企业影响最大的肯定是最高级的管理者。他并不会参与到企业的每个环节当中去，却对企业的走向起着关键性作用。因此，企业家的格局、眼光和魄力，是企业能否良好发展的决定性因素。一个有未来眼光的企业家，一定能够带领自己的企业走在时代的前端。

第六章

相信品牌，但不要迷信品牌

....

1.万通为什么能够成为品牌

冯仑对品牌的重视，带动了万通的发展。而万通这一品牌的确立，并非轻易得来，对此，冯仑深有体会。他认为，万通之所以能够成为品牌，是因为万通这个企业从创始之初就具备了一些优秀的品质，这些品质构成了核心竞争力，核心竞争力持续发挥着作用，并随着时代的进步而调整、改进、增补，最终的合力造就了万通这个品牌。

具体来说，这些品质主要包括以下几个方面。

一是判断精神。

很多企业会把它所拥有的资本和创造的利润当作自己的价值。但随着经济社会的发展，资本成本越来越受到重视，资本市场越来越看重企业未来获利的能力，这使得企业拥有的资本和利润的作用受到了质疑。在冯仑看来，万通真正的价值在于它所秉持的理性的判断精神。"这种判断精神，首先是对自我的反省和解剖，是一种'反求诸己'的功夫。万通的企业文化是中国所处的特殊历史阶段的特别营养滋润出来的。脱离中国体制剧烈变革的时代背景，忽视一批又一批仁人志士振兴中华民族的文化血脉，就不可能理解万通的企业文化。"

企业可以分为成功与卓越两种。成功的企业可以在天时、地利的帮助下取得胜利，但充满了偶然性，并不是十分可靠。比成功的企业更伟大的是卓越的企业。卓越的企业没有那么好的运气，只能依靠人和，以市场的口碑换取长远的发展，而市场的口碑又来源于企业内部的价值观以及具体管理原则。这条规律同样适用于房地产行业。

近些年来，随着中国房地产市场分工越来越细化，专业化水平越来越高，很多开发商开始感到迷茫，不知道自己该干什么，能干什么。因此，冯仑常常自问：万通靠什么在激烈的竞争中生存下去？万通的核心竞争力是什么？

对于开发商核心竞争力的理解，一般有两种不同的观点，其中一种观点认为土地储备是开发商的竞争力。基于这样的理解，很多房地产企业纷纷斥资置地。很多开发商认为，土地储备的多少直接决定了企业未来的发展空间。其实，土地储备属于资本项。资本是企业在行业早期竞争阶段最重要的核心元素，但是随着行业竞争的不断升级，企业竞争优势的重点会逐步转移，企业战略定位和管理会变得越来越重要。另外，资本产生的竞争优势在行业内企业贫富差距很大的时候比较有效，而当资本条件接近时，过于注重资本的优势，往往会带来恶性的价格竞争和无序竞争。

可见，土地储备并不是房地产企业真正的核心竞争力。越来越多的房地产开发商也认识到了这一点，因此，就出现了另一种观点:开发商的核心竞争力是合理化管理。合理化管理模式归根结底就是企业内在调控与创新机制的一种内型,它是缔造经销商核心竞争力的有效途径和保证。

冯仑认为,房地产业活动空间相对较小,容易受经济周期变化的影响。房地产业的发展受银行对开发商以及消费者的支持程度、政府规划、商业周期、政策制约等因素影响,还会受到经济政策的波动、经济形势的起伏、技术进步等因素的影响,房地产企业的生存能力面临着各种考验。事实上,政策环境、市场变化是企业无法控制的,要想在激烈的竞争中站住脚,房地产企业必须形成并依靠自己的核心竞争力。只有学会多样本领,才能立于不败之地。

冯仑把开发商的核心竞争力归纳为发掘与吸附客户的能力、创造生活方式的能力、统筹资源的能力和学习与自我改造的能力。开发商必须主动研究现有的客户群和发掘未来的客户群。另外,盖房子就是创造一种生活方式,必须以人为本,研究社会的进步、年龄职业化的分类、消费者的偏好等,才可能具备创造生活方式的能力。任何一个企业都应该是一池活水,一旦成为一潭死水,这个企业离死也就不远了。保持活力的办法就是不断改造企业内部的组织结构,适应客户的要求。

房地产业因为其特殊原因,产品质量不能够像其他制造业一样稳定而有保障,因此很容易产生很多纠纷。但无论如何,产品质量低劣都是不对的,使客户的利益受损也是不可宽恕的。万通虽然也存在着这个行业固有的问题,但总是能够以客户的利益为中心,积极为客户服务,这也为它赢得了很好的口碑。

其实,万通能够做到这一点,要多亏它的感恩和反省精神,以及其所承担的理想和社会责任感。

冯仑在与中国台湾登泰设计顾问公司的谈话中这样谈道:

万通的经济价值不是万通真正的价值所在，万通真正的价值在于代表了变革时代中国一代有理想、有抱负的年轻人对中国问题的看法和怎样用企业、市场将中国提升到一个更文明的社会。万通一旦没有了这一点，就混同于其他企业，那样的企业比万通好得多、大得多。

社会责任感，对社会文明、进步的追求和献身精神，是万通的灵魂。怎样达成这个目标？答案就是要把企业办好。为什么万通可以处理好很多企业不能解决的内部矛盾？是因为我们追求的是更高层次的东西。

优秀的企业在谋利的同时，不会忘记它所肩负的理想与社会责任感。只有做到向其他公司和社会输送精神食粮，一家企业才能够称得上优秀，才能够走向伟大。

二是实业情结。

19世纪末，以张謇、康有为、梁启超等为主要代表的爱国人士提出了"实业救国"论。自从那时起，无数中国人就把强国梦寄托在实业之上。

1991年，冯仑等6位创始人抱着一心一意做实业的态度，在海南成立了万通公司。当时的总裁王功权在海南研发农业项目"种衣剂"并开发精细化工产品；潘石屹被派到北京怀柔，先做市场后做工厂，很快组建了开发通信工业城的公司；易小迪被派往广西，开发香蕉苗培育基地，在那里卖出了几百万株香蕉苗，同时收购药厂，生产新药。后来，由于种种机缘巧合，万通走上了房地产开发的道路。然后，公司不断地向全国扩展，投资领域逐渐向第三产业中的金融、证券、信托等多个领域延伸。尽管万通是靠第三产业发的家，而且始终在第三产业领域发展，但在6个合伙人的心中，实业情结始终占有重要的地位,这是因为他们都把报国当成自己的理想。1993年7月12日,冯仑在公司内部的讲话说道:"勤劳致富是我们的重要起点,实业是全中国人民都会支持的大事。"

虽然后来"万通六君子"分道扬镳,各自发展自己的事业,但他们心中的报国理想、实业情结始终存在着。

三是做5%的杰出公司。

如果把公司分为两种,那无非就是平庸和杰出的区别。目前,95%的公司都是平庸的公司,它们总是按照常规的思维方式和标准来想问题;杰出的公司只占5%,它们的很多想法和做法可能会让人无法理解,但最后取得成功、成为精英的却正是它们。

"做5%的杰出公司"始终是万通追求的目标。

冯仑在文章《做5%的优秀企业》中写道:"只有进入这5%杰出公司的行列,一家企业才可以说解决了'能够长多大、能够走多远'的所谓'基业长青'的问题。"

尽管大多数企业都追求"做5%的杰出公司",但真正成功的却很少。冯仑意识到了这一点,所以,为万通确定了"创造最具价值的生活空间"的使命。冯仑对万通的定位是成为一家推动社会进步、创造财富、完善自己,同时为客户提供满意的产品和服务、为股东创造满意的回报的、有良好口碑的公司。要完成这个目标,就一定要满怀激情地去做事,并且做好每一个细节,不放过每一件细小的事情,形象树立、企业文化、人才管理、体制改革,哪一样也不能忽视。

四是万通产老板。

在批判精神、实业情结和做出5%的杰出公司等万通价值的影响下,从万通走出去的一大批人都取得了令人瞩目的成就。万科、凯德置地、万通被人认为是堪称中国地产界三大黄埔军校的企业。前两者出产CEO,而后者产老板。冯仑也说:"万通在地产行业可以称得上是'金字招牌'，不仅在北京市场排前五名，更产生了著名的'万通系'，即从万通离开的人，单董事长、总经理（正职）共有36个，其中做得比较好的有15个。"

当年"万通六君子"分家之后，他们几个人都取得了成功。先是潘石屹在现代城一炮打响，接着易小迪又把阳光100做成了楼市新星，如今潘石屹、易小迪已成为地产圈内的领军人物；而曾为万通经理人的苏楠、赫伟、张民耕、姚军等也多数在地产圈内有着较大的发展。如今，"万通系"在中国地产界可谓大名鼎鼎，冯仑作为万通的"教父"，身上的传奇色彩也越来越浓。冯仑说，这就像一个大家族，子女长大成人自立门户，他们的价值超过万通，万通的价值也会因之而提升。

一家企业就像一个家庭，对每一个成员都有一种熏陶作用，就算这个家庭中的成员另立门户，这个家庭的影响也仍旧不会消失。像潘石屹、易小迪等人，他们身上的很多气质都是万通赋予的。这也是万通品牌越来越响亮的一个原因。

2.万通是如何加强品牌含金量的

作为一个企业家，冯仑及其团队采用了很多具体措施来保证企业的发展，并成功塑造了万通的品牌。这些措施包括万通的名字、感恩日、新年献词、万通历史博物馆以及自警等多个方面。所有这些措施全都是立足于加强自身，而不是诉诸外在宣传，这一点非常值得注意。

给一家公司起名字,表达了企业者的一种期望和价值取向。关于"万通"这个名字的由来,冯仑在《野蛮生长》中有这样一段描述:

我们(冯仑和刘军)的关系更加密切,经常在一起讨论今后的人生,在思想上已经形成了很成熟的合作基础。在那个时候,我们就讨论过自己创业,开始想办一个万通代理事务所。名字是我取的,"代表事务"有点像"三T"公司,"万通"就是路路通,能做的就是帮人办事,出书、写文章、开会,积累一点钱,然后再谋发展。虽然最终没做起来,但"万通"这个名字留在了大家心里。后来自己办公司时,一说用"万通"做商号,谁也没异议,仿佛早就有了这家公司似的。

"万通"翻译成英文就是"Vantone"。万通内部解释是这样的:把英语单词Van(前卫、先锋)和Tone(乐音、进行曲)组合为Vantone,作为"万通"的英译标准词,中文含义为"先锋进行曲"。在公司20年的发展过程中,万通没有辜负这个好听且意义深刻的名字,在国内的确发挥了行业先锋或企业先锋的作用。

从2000年以"真情感恩,用心回报"为主题的首届"万通感恩日",到2003年弘扬"企业价值与社会责任"的感恩日,再到后来以"感恩客户"为主题的系列活动,"万通感恩日"以学会感恩客户、感恩员工、感恩股东、感恩政府为主要内容和实践理念,已经成为万通品牌塑造的一个重要手段。

其实,冯仑在很早以前就有了感恩的想法。他在1996年接受采访时说:"每一年我们要感谢股东、感谢客户、感谢政府,也就是要看看我们给国家交税交得好不好,对股东的回报高不高,对客户的服务是否到位。很简单,如果没有客户,企业没法生存;没有股东,企业没法生存;没有政府为我们提供这样好的竞争环境,企业同样没法生存。而对我们这些创始人来说,感恩又多了一层含义,就是要考虑员工。所以，我们今年的股东会决定，要在今年对万通创始以来的员工一次性送股，总额将达到几千万股。股份会随着公司的发展而增值，如果走了，还可以变现。"

国内很多民营企业都是按行政级别制订报酬制度。但万通认为那样做会使员工勤于钻营，从而离客户越来越远，所以很早就用销售业绩、客户满意度作为衡量员工的标准，并与员工的收入挂钩。客户满意度高，收入就高，这样员工就会天天去"巴结"客户。这样的人事制度促进了万通的发展。

为了配合这样的人事制度，万通把3月10日定为企业的"感恩日"。企业领导对"感恩日"非常重视，他们没有让感恩停留在自己的嘴上，而是落实到了企业的方方面面。这样做的结果是，万通给政府纳了很多税，股东们也获得了高额回报。如今，万通在感恩员工方面也有了实际的行动。除了创始人与公司有直接的利害关系之外，万通的其他员工也与公司建立了这种关系。

作为万通的创始人和一直以来的董事长——冯仑对万通有着深远的影响。他非常重视反省工作，万通有两种方式的反省，一种是每年一度的"反省日"会议活动，另一种是冯仑每年的"新年献词"。"反省会"在每年的9月13日召开，而"新年献词"发表于每年的1月1日。冯仑的"新年献词"已经坚持了20年，虽然是一个人的反省文字，但一直在指引着万通的发展。他的"新年献词"既是对前一次反省会的进一步思考，也是后一次反省会的重要基础，承前启后，相互呼应。

冯仑在他的个人电子杂志《风马牛》中特别强调了新年献词的重要性：每一年元旦献词的题目，实际上都凝结了这个时候公司领导层最想表达的心情和最希望对员工说的一句话，同时也是公司领导层的表态。每年都检讨一下，也有利于公司领导层更好地把握未来。

"新年献词"带有鲜明的冯仑特色,是他个人所特有的,所以冯仑说他的"反省会"比公司其他人多一次。冯仑"一个人的反省"更多的是关于公司战略性、方向性的大事,为公司未来的发展指明了道路。

万通在2002年就建立了自己的历史博物馆,建成后,对内教育员工,对外进行交流。2009年8月21日,万通在北京怀柔龙山新新小镇举行了万通历史陈列馆新馆开馆仪式。冯仑在致辞时说:"7年前,万通在反省会后决定在龙山新新小镇设立自己的历史陈列馆,目的是将十多年来经过不断反省找到的万通生存与发展的健康基因裸露出来给大家看,令新员工知其然,使老员工知其所以然,从而坚信守正出奇的必要,努力学习,认真学好;通过直观的实物、图片和专人讲解,把万通的基本价值观融化在血液里,落实到行动中。"

万通历史博物馆还专门设立了特别的篇章,把万通历年来的失败案例也展示了出来。这样做有两个目的:第一,通过收集失败的案例来审视自身,总结多年来的教训,让员工以理性的方式审视自身的成长,同时以前瞻的姿态来思考万通的发展方向,从而激励员工共同促进万通的发展;第二,可以使投资者、产业界和社会各方更加深入地了解万通企业,通过反省万通发展的历程,找到民营企业生存与发展的健康基因并展现给大家。从第二点可以看到,万通历史博物馆的对外宣传方式是很深刻的,其作用远远大于浮皮潦草的新闻媒体式宣传。

企业媒体是负责宣传企业文化和企业发展动向的一种手段,在塑造企业品牌中起着重要的作用。万通自创立以来,公司领导层一直非常重视企业媒体的沟通交流作用,希望达到统一员工认识、记录企业发展历程、总结和交流经验教训、传播企业精神和品牌文化的目的。

万通有3个企业媒体，分别是万通实业的财经读物《万通》、万通地产的社区杂志《万通·生活家》，以及冯仑的个人电子杂志《风马牛》；除此之外，还有博客和网页，将万通的信息和动态传递给特定的读者群。

万通地产的《万通·生活家》的前身是1992年创业时公司办的《动态》等内刊，1993年万通集团组建时创办了《万通》小报，2002年改为杂志。2002年6月，《万通·生活家》以月刊的形式正式出版，它的读者群是万通地产的业主。

万通公司的另一个企业内刊《万通》2007年1月份以季刊的形式出版，它的宗旨是"民营企业的春秋史记，创新文化的传播利器"，是一本严肃的财经读物。季刊《万通》的读者群以专业研究人士为主，包括政府机关里的处长、大学老师和社会上的中坚力量等。

冯仑倾力打造的个人电子杂志《风马牛》创刊于2006年8月，运用了视频、音频、动画等多媒体表现手段，从商业、行业、企业、生活等多方面展现了冯仑身边的大千世界和商道感悟。

2007年9月18日，《电子杂志样板：小众的风马牛》这样评价《风马牛》：

"相较其他名人电子杂志，《风马牛》的个人色彩更浓烈、更彻底、更纯粹，其内容为冯仑一个人的所见、所闻、所思、所想、所感、所言，是冯仑思想的专属电子读物。

"《风马牛》的任务是与公司品牌产生有效的互动，将万通的文化形象传达给读者，是品牌推广的柔性传播工具，服务于公司的整体战略和文化，而且不以赢利为目的。

"《风马牛》分5个板块：冯子论语、懂事会、构砖业、乱炖和库，每个板块的名字都很解构和无厘头。《风马牛》每月一期,所以能够做到内容上精益求精,对读者负责,与此同时,博客个性化的特点也被很好地延续了下来。

"《风马牛》在电子杂志领域独特的竞争优势来自其内容的不可代替性。'文如其人',《风马牛》像冯仑本人一样,不拘一格。在《风马牛》中,冯仑用多元的视角讲述中国式商道,用最草根的语言调侃世俗人生。正是因为《风马牛》的这些特点,所以它很受大众读者的喜爱。到目前为止,《风马牛》电子杂志的每个月的阅读量已经突破了100万人次,不少网友把《风马牛》视为每月必读的精神大餐。"

从最早的《万通》小报开始,到《万通·生活家》,再到《万通》,最后是《风马牛》,万通在企业媒体方面一直没有停止努力,通过这样的工作,万通的一些基本理念得到了很好的传播,也成功地塑造了万通的品牌。

3.万通的品牌战略

随着中国经济的快速发展,商品日益丰富,随之而来的是消费者对品牌认知程度的大幅提高。因此,不论是制造业企业还是房地产企业,要想在激烈的竞争中脱颖而出,不仅要做出具有自身特色的好品牌,还要塑造和维护好自己的品牌形象。这一点已经成为包括冯仑在内的中国企业家的共同认知。

在一次中国房地产品牌价值研究成果发布会上,冯仑说:"如果一个公司是宗教，那这个品牌就是它的《圣经》。这样的'圣经'，你读了才有安慰，别人看见这个书(《圣经》)就会肃然起敬，你这个庙没有这个'圣经'就不成其为庙。所以，我觉得'圣经'(品牌)是这个公司不可或缺的书。"

的确如冯仑所说，那些成功的企业无不把品牌当成不可或缺的"圣经"。在国内房地产行业中，无论是在公司层面、业务层面还是企业家个人形象层面，冯仑都是最重视品牌、运营品牌最成功的企业家之一。

万通是国内第一批采用CIS(品牌管理体系)标志的企业。当时，万通聘请深圳一家公司设计了一个标志。第一次的万通徽记基调是红色的，看起来像两片羽毛环舞，也像风火轮。1996年时，万通又聘请中国台湾一家著名设计公司，用将近一年时间整合出一套新的CIS规范。从那以后，万通实业的标志基调就是深蓝色，旗下公司则是其他颜色(如万通地产是绿色，万通商城是红色)。万通内部把新标志称为"世纪之眼"。这个图案结构严谨、大方、耐看，被大家认为能够展示万通的创新精神。

冯仑在为新新家园品牌作序时特别强调了万通CIS品牌战略：

万通之有CIS久矣。1992年年底，即有好事者上门推销，大抵若一企业不导入CIS，则视听混淆、绩效不彰云云。其时，我等初涉商海，闻此言如小儿初闻算命者言，不敢不信，也不全信。于是花重金购得一标识(戏称"风火轮")，悬于门楣，印在纸上，似乎请了一佛，从此心下安稳。此后，每次出战如有神佑，竟然得胜。然而好景不长，1993年下半年到1995年，虽有北京万通之业绩，但就全集团而言，却陷入战线过长、疲于奔命的波动态势，前期的赢利也渐渐为后期之失误所吞噬。更有甚者,内部组织特别是创始阶层分歧严重,被迫重组,万通竟陷于生死存亡之际。此时此景,不知是偶然还是神助,我们又想到请出CIS,似乎旧神不灵,要换一新佛才对。其时正好有CI权威、台湾大教授林磐耸先生跨过海峡翩然而至,教导我们CIS不光是VI(视觉识别),还有MI(理念识别)和BI(行为识别)等。我等恍然大悟,原来之所以万通陷入困境,主要是对神(CI)不够虔诚:只知其表,不知其里;只识其前,不识其后。于是胜而骄,骄而败。今欲奋起,则非从CI重新做起不可。于是,1996年万通动用数百人次,耗资百万,费时四百天,终于大功告成,塑成真神。这就是万通今日通行天下的"世纪之眼"(万通的新标志)。从此,万通的步伐稳重起来,也渐成阵势。北京万通实业股份有限公司和国世通投资管理有限公司联手推出的低密度、低层、高品位的精品住宅社区——万泉新新家园面世了。这在举国市场竞争、万家品牌大战之际却使我们头痛。究竟怎样才能使自己的产品更有个性,使差别化的竞争策略取得成功?遍访群众之后,还是认为林教授所言有理。新新家园必须遵行品牌化竞争的路线。

一般来说,房地产业做品牌有三种方式:第一种是公司品牌;第二种是项目品牌;第三种是选择一个市场,然后针对这个市场进行系统服务。万通地产所选择的就是第三种方式,"新新家园"品牌就是按照这种方式打造的。冯仑把这个策略称为"专业化加产品类型化"的品牌建设方向。所以在业务运作方面,冯仑推出了"新新家园"品牌——中国第一个实施注册的高档住宅品牌,开创了地产品牌建设的"第三条道路"。这一路线并不是简单地给产品起个名称、画个标识,而是从识别系统到理念追求乃至行为方式,进行统一的规划和资源组合,特别是识别系统应与生活方式和理念追求表里如一、相互彰显。

"新新家园、新新生活"，既是万通对精品住宅的主张，又是万通着力营造的品牌。在万泉新新家园获得成功后，万通又推出了亚运新新家园和龙山新新家园，冯仑希望"新新家园"通过其CI形象挟市场营销之力，展示出日益巨大的冲击力。

万通的成功使得房地产界掀起了一股进行公司品牌和项目品牌构建的旋风，很多企业纷纷效仿。但万通并没有停步不前，而是更创新一步地提出了构建服务品牌和文化品牌的发展战略。

从2002年起，万通秉承"创造最具价值的生活空间"理念，推出了"万通地产生活节"系列客户服务活动，这使得万通地产在创建地产文化服务品牌上又领先了一步。通过创建生活节，万通地产的品牌建设也从原来公司大品牌和系列品牌、产品品牌的二维品牌建设，拓展到了三维品牌建设，也就是文化品牌建设。此外，该生活节还标志着万通地产企业文化建设又上了一个新台阶，同时也宣告地产品牌建设步入了文化品牌竞争的新阶段。

2004年11月4日，冯仑在接受《21世纪经济报道》采访的时候，对万通品牌战略下了一个总结："品牌的塑造是一个长期的过程，万通地产品牌是由第一层次产品品牌，到第二层次公司品牌，上升到第三层次服务品牌，再挖掘到第四层次文化品牌。"

万通的品牌战略既是万通企业的成功，也是冯仑个人的成功。冯仑在理念识别和个人品牌层面的创新，引得国内媒体都对他进行了采访报道。冯仑抓住这一大好时机，运用媒体资源，成功地塑造了超出房地产行业、超过企业家范围的明星企业家的形象。

与万通相比，海尔的名气要更响亮一点。不过，无论是万通还是海尔，其品牌策略在骨子里都是相同的。海尔之所以更具知名度，与其产品的性质有关:一个普通家庭会拥有几件、十几件甚至几十件电器,但拥有这么多房产的毕竟是极少数,而拥有这么多万通高端房产的就更少了。

一提起海尔,人们就会非常自然地联想到家电,这是因为海尔成功地塑造了自己的品牌形象。海尔集团从1984年起开始实行品牌战略,从产品品牌发展到企业品牌,再发展到社会品牌。这个品牌发展路线,与冯仑所描述的万通品牌路线即"产品品牌""公司品牌""服务品牌""文化品牌"四个层次,在本质上是相同的,只是根据行业和产品的不同,表现为不同的表述方式。

海尔与万通品牌策略的另一个相似之处在于,它们都倾向于单一品牌策略。万通的品牌集中于"新新",至少现阶段是如此;海尔则更为彻底,其96大门类15100多个规格的产品群,无论在中国还是出口到世界其他国家和地区,使用的全部是单一的"海尔"品牌。不仅如此,"海尔"也作为企业的名称和域名来使用,真正做到了"三位一体"。

在企业界,品牌策略是多种多样的。与单一品牌战略形成对比的是多品牌战略,代表是宝洁公司。宝洁有一个原则,如果某一个种类的市场还有空间,最好那些"其他品牌"也是宝洁的产品。比如在美国市场,宝洁有3种牙膏、4种洗发精、6种香皂和8种洗衣粉品牌,而且每种品牌的特征全不相同。拿洗发水来说,大家熟知的"海飞丝""飘柔""潘婷""沙宣"等,其实都是宝洁公司旗下的品牌。不同的消费者可以选择他们需要的洗发水,但其实购买的全都是宝洁公司的产品。宝洁公司的产品不仅仅在不同种的商品上使用不同的商标,就是那些相同的商品,由于功能不同,也使用不同的商标。当然,这种做法也让宝洁公司付出了高昂的市场成本和管理成本。但,宝洁的成功是无法抹杀的,它拥有近170年的辉煌历史,旗下约300个品牌,凭这一点就让人不得不承认宝洁的品牌战略是非常成功的。

在单一品牌与多品牌战略之间,万通倾向于单一品牌,不过,它又不像海尔那样整齐划一, 这与万通的行业特征以及产品特征有关:建一个楼盘,不像生产一瓶洗发水那样轻巧,如果轻易变换品牌,就会让消费者忘了万通这个总品牌;但如果全部都是单一品牌,又不利于迎合楼盘所在地的文化,容易失去灵活性。所以,万通的品牌战略也可以用冯仑说的"守正出奇"来概括。

4.打造专业品牌力

垄断企业具有种种好处,比如说控制产品价格,排挤竞争对手。很多企业对此都羡慕不已,于是为了自己的公司能够获得最大的利润,为了公司长远的发展,总是幻想着走垄断的道路,或者得到垄断的权力,那样就可以凭借垄断打败竞争对手,化解所有危机。但是,任何一种垄断都是由社会政治和经济制度决定的,都是特定时期各种政治力量角逐和经济利益分配的结果。有很多垄断企业,一旦遭遇体制变革,垄断瓦解,立刻就会走向毁灭的道路。

冯仑认为,垄断下的企业是独生子女,并没有什么了不起,而且危机四伏。冯仑从不妄想万通走垄断的道路。对此,他曾经意味深长地讲述过自己在非洲看野生动物的感受。

一般的动物园,动物被关在笼子里,游人在外面优哉游哉地到处闲逛，玩得高兴了还可以丢东西逗那些动物。但在非洲却完全相反，被关在笼子里的变成了游人，而动物却相当自由。动物成群结队地跑来跑去，把游人吓得躲到笼子里。一般人认为百兽之王是狮子，但那次非洲之行让冯仑认识到，大象才是真正的百兽之王。他为什么会有这种看法呢？冯仑说："狮子要活下来，每天必须吃大量的鲜肉，它的存在是以其他动物的死为前提的。狮子享受完美餐之后，土狼、豺狗等动物会去吃剩下的残骸剩骨，所以说狮子的生存成本很高。可是大象就不同了，大象的食物只是小草，所以它的生存成本很低。从这个角度比较的话，大象要比狮子低得多。大象性格温和，与人无争，从不惹事，但如果狮子不知好歹，惹怒了大象，大象就会让狮子吃到苦头。另外，大象的皮很厚，狮子一两口根本无法咬透。暴风雨要来的时候，大象悠然地吃着草，狮子却只能灰溜溜地躲起来。可以说，大象的抗风险能力比狮子要强得多。这就像做企业，那些垄断型企业就像森林里的狮子，它的存在是建立在别的企业无利而死的基础之上，而这一点并不容易办到，即使暂时办到，也难以持久。卖饮料是比较简单的事，但做得好了也能做得很大，就像大象。"

由此，冯仑得到了三点启示。

第一，做企业要不争，不企图吃掉别人。不要去寻找垄断的机会，不要把自己的存在建立在别人的痛苦之上，而应力求让消费者、股东、员工以及社会各界都喜欢你，认为你是个不错的公司，大家都需要你。

第二，保护机制要好，不要让别人轻易伤害自己，就像大象的厚皮能为大象抵抗风险一样。

第三，不去惹事，但有事绝不能怕事——大象在狮子面前绝不是弱势。

另外，冯仑在《大象和小鸟的启示》一文中明确指出，万通要走专业化道路，要塑造属于自己的品牌，而不是依靠垄断，依靠不成熟的市场机制。他说：

经常有媒体的记者问我关于万通企业经营之道的问题，其实这也是我无时不在思考的问题。在房地产行业摸爬滚打了这么多年，当然也有一些自己的心得。我觉得公司有两种做法：大众式健身型与刘翔式专业型。万通做的是专业型。大众健身一般是跑步，有四个特点：标准自己掌握；没人评判；想练就练，想停就停，随意性大；动作简单。专业运动员，如刘翔，与大众健身的不同在于：标准公开；优劣由别人评定；常练不停；姿势科学，选择高难度动作——跨栏。

万通做公司按照专业运动员的要求：第一，按公开标准，如财务公开；第二，跑的动作要科学——科学的战略、科学的管理；第三，参与竞争，在竞争中完善、激发自己；第四，常练不停，即追求持续增长。换言之，战略导向、公司治理、产品价值、产品服务以及协同资源，这一套"活儿"做下来，就是专业公司了。

房地产是一个专业化很强的行业，在未来的竞争中，那些走专业化道路的企业必然会获得更高的利润，也更有发展潜力。在这种趋势的影响下，地产公司必须要做到专而精。万通地产就一直在朝着这个方向努力。冯仑始终坚持要把万通做成专业化的公司，树立自己的专业品牌，要像非洲的大象那样，做真正的"百兽之王"。

5.坚持创新,找到适合自己的商业模式

创新是一家企业取得成功的重要条件。在冯仑看来,创新有三层含义:第一,更新;第二,创造新的东西;第三,改变。冯仑对创新的认识来源于对创新理论的研究。

创新作为一种理论,形成于20世纪。哈佛大学的熊彼特教授在1912年第一次把这个概念引进经济领域。他从经济的角度提出了创新,认为创新就是建立一种生产函数,实现生产要创新的组合。20世纪50年代, 美国管理大师德鲁克把创新的概念引入管理的领域,形成了管理创新。在他看来,创新就是赋予资源以新的创造财富的能力的一种行为。

冯仑把中国房地产的发展模式归结为 "地主+工头" 模式、"厂长+资本家"模式和"导演+制片"模式。"地主+工头"模式的房地产商由建筑公司转型而来,从土地、资本运作,到工程建设,再到市场销售,完全都是自己一手包办,国内大多地产商即属此类。"厂长+资本家"模式是产业化的运作加上资本运作,地产商就是一个"住宅工厂",其产品就是"住人的机器",与现代中国制造业没有本质的差异。"导演+制片"模式是一种国际化的运作模式,冯仑最想做的就是这种模式。

在冯仑看来,这种模式主要挣三笔钱:第一笔叫权益金;第二笔是劳务成本;第三笔是营业额超过固定数值之后的分账。冯仑对房地产的发展模式一直在做系统的研究,他认为"导演+制片"模式就是美国模式的进化。

但对于当前中国一窝蜂似的"创新"潮,潘石屹在其著作《我用

一生去寻找》中提出了质疑，他认为，自主创新不可能是每个公司、每个行业在内部由自己闭门造车完成的，如果"创新"就是这个意思，那么创新几乎不可能实现。具有可行性的创新往往发生在新的领域，尤其是那些跨行业的区域、没人关注的领域。潘石屹认为，对于企业来说，创新必须有更为深厚的基础、更为广阔的内涵："我想象的企业创新，首先要将视野投放到人类广阔的生活需求中去，还要以人类的精神进步为前提。创新最可怕的敌人是不能从根本上以精神的进步为前提，因为只有精神进步才能发现和创造美好，没有精神进步，创新就变成了一句空话，所谓的创新产品也就是一些外表新奇却没有实际意义的花架子。"

不得不承认，潘石屹的论断是相当精辟的。按照这个标准，当代中国企业能够有所创新的并不多。不过，即使按此标准衡量，冯仑的万通，仍然算得上是一家创新型企业，在房地产企业中算得上是走创新之路的领跑者。

冯仑认为，创新是一种价值观、生存状态和一种生命的本能。正是冯仑个人的生命体悟，使他创立了独特的企业模式。万通的创新，主要体现为体制创新，以及模式创新，这对万通的长远发展有着深刻的意义。

首先是体制创新，集中体现在万通与泰达集团的合作。万通地产控股母公司万通实业在2003年3月引入国有资本战略投资人泰达集团，使其成为企业的大股东，形成了民营企业让国有企业控股的局面，这也是党的十六大提出发展混合所有制经济之后，第一个公开实践的案例。冯仑这样做是基于长远的考虑。他认为目前阶段，民营企业的体制具有优越性，正在进入快速发展时期，但在5年、10年以后会怎么样呢？民营企业什么时候能够取得国际主流企业的位置？这种思考让冯仑认识到，民营企业存在着有动力、无约束的缺陷，这种缺陷容易造成民营企业盲目追逐暴利。但国有企业就没有这种问题,而且恰恰相反,国有企业的问题是约束过度、动力不足,有些懒惰和不思进取。如果把国有企业与民营企业结合起来又会怎么样呢?那样,这个企业就会既有动力,又有约束,还能够在资源配置上找到一个更广泛的途径。

冯仑特意写了一篇论述民营资本的文章《跨越历史的河流》,在文章中,他对民营资本与国有资本的合作进行了一番总结:

> 民营资本从来都是国有资本的附属或补充,因此,最好的自保之道是要么远离国有资本的垄断领域,偏安一隅,做点小买卖,积极行善,修路架桥;要么与国有资本合作或合资,形成混合经济的格局,以自身的专业能力与严格管理在为国有资本保值增值的同时,使民营企业获得社会主流价值观的认可,创造一个相对安全的发展环境。
>
> ......
>
> 不仅如此,今年中央经济工作会议更是强调国有资本的控制力、影响力和带动力。可以预见,今后随着和谐社会的建立和发展,民营资本将以数量多、规模小、就业广、人数多等为特征,其生存空间将被局限在与国有资本绝无冲突或者国有资本主动让出的领域。面对国有资本,民营资本只有始终坚持与国有企业合作而不竞争、补充而不代替、附属而不僭越的立场,才能进退裕如,持续发展。

冯仑对民营资本与国有资本之间的关系分析得相当精辟,不仅考虑了中国当前的现实,而且反思了中国的历史;不仅考虑到了经济,也考虑到了政治;最后的结论是"合作而不竞争,补充而不代替,附属而不僭越"。万通选择国有资本泰达做大股东,正是冯仑多方面权衡利弊的结果,而此举恰与冯仑的"傍大款"思路不谋而合。

在2008年一次演讲中,冯仑再次表达了自己的观点:和泰达合作是一件正确的事情。在经济学家张维迎看来，中国最大量的资源都由国有企业占据着，但由于种种原因，它们没有能够创造出相应的效率。万通与泰达的合作，开创了优秀的民营企业、优秀的民营企业家与国有资源更有效地发挥作用的新形式。

万通的第二个创新，是模式创新。

2003年，万通在商业模式上进行创新，形成了"万通新战略"。这宣告万通改变了传统的全能开发商的模式，走上了房屋供应商和服务商的道路。在收入来源上，万通地产将改变单纯依赖开发收入的模式，逐渐向开发、经营与服务收入三者并举的模式转变，并最终实现以经营和服务收入为主的模式。

万通这一模式的转变，受到了美国纽约商业模式的启发。两百年来，纽约的商业模式不断演变，由最初的"工头+地主"，变成"厂长+资本家"，再变成"导演+制片"的商业模式。这给了冯仑很大的启发。他认为，未来中国房地产制度将会与美国接近，所以选择美国模式才是明智的做法。这也正是他转变公司模式的根本原因。关于这一点，他在《冯仑如是说》里写道：

从万通来说，我们是按照纽约的地产公司来发展的，因为北京这个地方很特别。我如果在河南，就完全可以照着厂长+资本家的模式做。但我在北京，完全有机会成为像纽约这样的一个地产公司。所以叫美国模式，实际上是着眼于未来。现在北京的GDP大概是8000美金，很快就会超过1万多美金。美国模式的这套在北京可以慢慢地生长，包括定制服务，那是更超前的一个模式。所以用商业模式上的一个变革来应对未来竞争的挑战，是一个地产商必须要想清楚的。你不能老跟香港人学，或者按财经记者给你的指导，说土地储备好，咱就储备好，说今天要把楼价忽悠起来，那就忽悠起来。这个东西是不对的，一定要按照行业规律，用商业模式的变革来应对这个市场经济带来的市场挑战。

在选择美国模式之前，万通花了一年多的时间，把全世界所有房地产企业的商业模式彻底研究了一遍。经过研究，万通发现中国大部分房地产企业采用的都是香港模式，尽管如此，万通仍然选择了美国模式，因为冯仑认为美国模式比香港模式更适用。

一次论坛上，冯仑在发言中明确表示，中国现在整体的金融创新全都参照美国，万通在未来的十年里都将坚定不移地走美国模式的道路。后来，在《万通地产给投资者的回答》一文中，冯仑对美国模式做出了解释，并肯定了万通坚持美国模式所取得的成功：

美国模式说简单了，是一个商业不动产的模式，也就是说，在高度的分工和专业化的条件下，依托于发达的不动产金融，使商务不动产的持有成本降低，流动速度加快，资本回报率提高，这是美国模式。举个例子，下一步我们在一些城市，可以把拿地、报建、施工这一部分都外包出去，而我们只是从产品规划、招租、财务安排上来介入，把核心能力集中在这儿，最终资本回报率会大大超越按照传统方法做商业不动产的模式。美国模式在万通实践的这几年已潜力凸显，在未来的几年，大家将看到我们用这种模式做出的产品和体现在财务报表上的业绩。

从冯仑的话中可以看出，冯仑对美国模式抱有非常大的信心。这都是万通坚持创新，找到适合自己发展道路的商业模式带来的结果。

6.对品牌应该"信而不迷"

品牌的作用就是让消费者在面对很多商品无法作出放心选择的时候，帮助消费者解决识别困难的问题。一般商品的品牌是质量、服务的一种标准化体现，消费凭借商品的品牌就可以放心简便地购买。但这并不是"放之四海而皆准"的道理。

在住宅领域，品牌也不是万能的灵丹妙药。在同一个市场里，有太多的房地产公司，它们之间的竞争非常激烈，这就会导致企业靠实力造出好房子，而不是靠品牌。人们通常会记住项目公司的名称，但让他们说出一个统一的住宅品牌，就会非常困难。

冯仑说，品牌并不是万能的，也有其流于形式的一面。消费者对产品的识别发生了困难才会造成对品牌的注重。消费者不具备制造商一样的商品知识，所以在面对一百座房子时，就会显得不知所措。消费者担心在产品制作过程中的某个环节出现问题，所以才会对品牌产生一种依赖，可以说，品牌起到了"担保"的作用。品牌实际上是对产品的一种担保，这个担保使消费者在众多的商品中可以不需要知道商品的所有知识，根据品牌便可相信商品应有的质量和满意度。

冯仑认为，品牌的作用在地产领域既重要又不重要。在全世界的地产公司中，有很多成功者并不完全依赖品牌，欧美地产商也讲究品牌，但没有一个像中国这样讲究品牌。中国台湾、中国香港地区，还有日本，它们都靠企业的背景和实力来证明房子质量，让消费者放心购买。所以说，将品牌视为是最重要的因素并不对，因为品牌的形成有两种途径，一种是客户通过千百次的消费检验出来的,而另一种是媒体制造出来的。所以,有很多品牌并不能让顾客满意。市场才是检验一个企业品牌位置的唯一标准。

正因为如此,在接受《中国经济时报》记者采访时,冯仑指出了品牌的局限性,他认为对品牌应该"信而不迷":"品牌在信息不对称的社会里,'好酒不怕巷子深',人们以名取物。进入信息社会后,资讯发达,面对不计其数的同类产品,消费者可以根据自己的喜好随意选择,品牌效应大大减弱。同时,品牌含有较大的附加值,以及巨额的广告费用,造成品牌物美价贵,这与消费者对物美价廉的商品追求是相矛盾的。"可见,品牌也有局限性。

对住宅行业来说,短缺意味着需求,从这个角度讲,万通不盲目迷信品牌,而是追求最好的品质与服务,这才是企业长久的生存之道。因为如冯仑所说,"品牌宣传实际上是在给自己出难题,比如我们通过市场向客户作出了某种承诺,假若做不到,就会很被动,别人就不再相信我们。(这样做的结果)不仅无法发掘未来的客户群,甚至会丢失已有的客户群"。

"新新家园"一期全部售完之后,万通为了提高以后住宅的质量,特别开了一个总结大会,给这个项目挑毛病,讨论今后如何修改。万通之所以要这么做,是因为它向顾客做出了承诺,答应顾客要做精品住宅。

服务行业是个永无止境的行业,顾客的需求是无限的,企业在满足顾客这种需求的同时,客户又会产生另一种需求。因此,开发商必须时刻倾听客户的各种需求,及时兑现自己的承诺。这是一项长期的考验,也是一个帮助开发商不断提高的过程,在这个过程中,企业的品牌价值也会越来越高。但是,如果开发商不能及时兑现承诺,顾客必然会对开发商失望,企业的品牌价值会随之受损,顾客也会对该品牌下的其他产品产生怀疑。这说明,品牌实际上是一柄双刃剑,如果维护不当,会产生相反的作用。这也正是冯仑所说的，品牌维护不当，"不仅无法发掘未来的客户群，甚至会丢失已有的客户群"。

在国际知名品牌中，惠普的"蟑螂门"事件值得深思。自2009年以来，惠普DV2000、V3000等型号的笔记本电脑集中出现质量问题，招来了消费者的投诉，但惠普公司一直没有给予积极的回应。后来又有170名消费者向有关部门发起联合投诉，要求惠普召回出现显卡高温、花屏、闪屏等质量问题的40个型号的笔记本电脑。

据中央电视台报道，2009年12月17日，中国惠普公司客户支持中心的有关人员又一次否认惠普笔记本存在任何质量问题。惠普的客户体验管理专员袁明在接受采访时，认为消费者笔记本使用环境的脏、乱、差是导致惠普笔记本出现故障的原因。他说："我们谁都解决不了的是中国学生宿舍的蟑螂，那是非常恐怖的。"

被央视"3·15"晚会曝光后，惠普在其中文官网公开表示："由于产品和服务问题给客户带来的不便，惠普向客户郑重道歉。"惠普公司同时表示，将推出"客户关怀增强计划"，该项计划将为问题笔记本电脑提供延长保修等服务。另外，惠普称正在考虑对曾支付过主板的邮寄和维修费用的用户提供补贴。不过，对消费者的召回要求，惠普并未给予回应。

产品出现质量问题也许在所难免，但面对客户的投诉，企业如何处理十分关键。把问题指向毫无关联的蟑螂，这实在有点说不过去。在这件事情上，惠普的品牌维护方案应该说是很失败的。

冯仑不盲目迷信品牌，事实上，还对品牌的双重作用颇有忌惮。他着力追求的是产品本身的品质与服务，认为这才是企业的根本。

第七章

守正出奇,战略创造民营传奇

1.阳光经营,守正才能出奇

在过去的很长一段时间内,中国的市场秩序没有建立起来,法制不健全,缺少约束力,企业和政府行为都不规范,政府管理部门无法尽职尽责,专业化水平相对低下。当时,动力、信息、资源和人才优势完全掌握在民营经济手中,他们通过"搞定"某个或几个有实权的领导就能轻松地在体制上寻找到缺口,从而获取巨大的资源,取得巨大的利益。即便被揭老底,也往往能够成功逃脱法律的制裁。于是,行贿就大肆地发展起来了。

冯仑曾讲过这样一个故事:贵州有一家上市公司,经营得很好,市场份额一度占到全省房地产界的30%。有一个老板对这家公司很有兴趣,想将其收购,于是双方就坐在一起谈价钱。谈好价钱后,那个老板还想再压压价，就找了省委书记的妻子和儿媳帮忙，并给了书记的儿媳500万元作为回报。儿媳后来把省委书记请出来吃饭，席间说服省委书记帮忙搞定这件事情。那个老板行贿花了500万元，最后收购时少花了3000万元。此后，这家上市公司在股市上异常活跃，赚了不少钱。后来，这个省委书记的妻子因为受贿被查，然后又追查到了他儿媳的身上，这件事情此时彻底暴露了出来。就这样，一家占30%市场份额的好公司，因为贪图便宜而行贿，把公司给毁了，老板也落得个锒铛入狱的下场。

冯仑始终反对企业靠行贿牟取不正当利益。他说："你在体制外做一个商人，想用钱去协调体制内这么多人际关系，几乎是不可能的，这样玩下去得到的回报一定是得不偿失。"他认为不行贿可以让人永远省心。在前面的例子中，假设省委书记没有出事，为了掩盖500万的事，一定会托关系找人帮忙，耗费精力暂且不说，没准花得比3000万还要多。

在这方面，万科为民营企业树立了良好的榜样。万科在发展过程中，不仅成功应对经济体制变革带来的各种挑战，而且越来越趋于成熟，始终保持行业的领先地位。万科公司在全国开发了很多项目，但老总王石却有些"不务正业"，不是在外面爬山，就是搞公益活动，看起来极为潇洒。王石多次公开表示，万科在拿地、办批文的时候，从不搞任何私下交易，这样看起来地价好像有点儿贵，但是他在市场上找回来了，而且，他不必费尽心思地去搞定那些乱七八糟的事情，省下了大量的时间让他享受生活。

其实，"不行贿"是王石年轻时就形成的一种观念。

当时刚30出头的王石来到深圳特区，在最有影响力的公司——深圳市特区发展公司谋求发展。王石被分配到了贸易部，他联系到了一单饲料生意,打算用铁路运送成品饲料。但当时特区内的饲料产品并没有被纳入铁道部门的货运计划,要想利用铁路运送,就必须申请计划处指标,但计划处指标是很难申请到的。

在这种情况下,王石开动脑筋想到了一个好办法。他打听到了货运主任的姓名和住处,得知货运主任爱抽烟,便让人花了20元买了两条三五牌香烟给货运主任送去。货运主任拒绝了香烟,这让王石有些不放心,于是他决定亲自出马。他来到货运主任家里,货运主任仿佛知道他的来意,笑着对他说道:"要车皮的吧?"

这让王石有些意外,他有些心虚地问:"能给批两个计划外车皮吗?"

货运主任听后,将两条烟递到王石手上:"烟你拿回去,明天你直接去货运办公室找我。别说两个车皮,就是10个也批给你。我早注意到你了,你不知道吧?在货场,常看到一个城市模样的年轻人同民工一起卸玉米,不像是犯错误的惩罚,也不像包工头。我觉得这位年轻人想干一番事业,很想帮忙,但我能帮什么呢?我搞货运的,能提供帮助的就是计划外车皮。"

之后,这位货运主任又问道:"你知道计划外车皮的行情吗?"

"什么行情?"王石被问得有些茫然。

主任伸出两个手指头:"一个车皮红包100元, 两条烟只是行情的1/10。"

货运主任并没有要王石的烟,但第二天还是为他办了两个计划外车皮指标。这是王石第一次为了获得商业上的某种好处给对方送礼,所以印象特别深刻。

这件事让王石陷入了深思,最后,他得出结论:人的需求有两个层面,物质的和精神的。前者可以用金钱和物质来满足,后者则不然。人与人的关系也有两种,一种是赤裸裸的物质关系,另一种是尊重和荣誉。既然人有两面性,何不用自己的行为引发他人精神层面的共鸣呢？想想送烟的动机，他不禁汗颜。后来，王石想通了经营企业的底线，就是绝不行贿。

2000年时，深圳主管房地产业的副市长因涉嫌巨额受贿被双规，一石激起千层浪，很多国有企业与私营企业的房地产老板都寝食难安，不是相继落入法网，就是纷纷出国躲避。王石的朋友在香格里拉酒店遇到王石，十分关切地问道："你怎么还敢在公共场合露面？"这个问题让王石哭笑不得，那位朋友接着说道："万科是深圳最大的房地产公司，做了那么多项目，难道没有一单牵扯到巨额受贿案？"王石这才明白是怎么回事儿，心里立即涌起一股自豪之情。王石的自豪就来源于绝不行贿的原则。

有一次，王石在北京大学光华管理学院给MBA学生讲课。当王石郑重其事地告诉学生们万科不行贿时，学生们发出阵阵哂笑之声。在座的北大光华管理学院副院长张维迎看到这种情况，马上向学生们发问说："不相信王石话的请举手。"令人难以置信的是，当时举手的学生超过了50%。为什么会有那么多学生认为王石的话是假的呢？因为行贿已经成为社会的普遍现象，就连身处象牙塔里的学生都深受影响。但是，王石用实际行动证明了那些举手的学生判断是错误的。目前万科能一路高速增长，王石能有更多的时间去爬山、关注公益、思索全社会企业界的走向以及行业建设，靠的就是不腐败、不行贿、不占公家便宜。

冯仑在《跨越历史的河流》中评价王石的"不行贿"策略时说："万科的生存之道，王石称为'不行贿'和利用国有制造业企业的管理方法建立有效的系统和体制，建立经理人文化，坚持培养经理人团队。这些东西可以看成是守正出奇、阳光经营的价值观的闪光，也可以看成是成熟的专业管理系统和团队因循法制化和市场竞争与政府管理体制的成功对接。"

企业家应该从长远的角度看问题。一家企业如果能坚持不行贿，既能节省精力，又能增加利润，还能对公司管理等方面有很大的好处。所以，做生意、拉关系，不要只顾着数钱；只顾数钱的人最终必会无钱可数。

冯仑在《义利相和、守正出奇》一文中写道：

做生意要守正才能出奇，要有非常良好的价值观，有一个正确的目标和很好的责任感，这样企业才能做好。

对照起来，十年中很多的伙伴走过更加曲折的道路，我觉得不是才能的问题，有很多情况下，他们比我们还能干，能干之一体现在他们善于变通。但我们的教训是，凡是变通的地方，一定活不下来；没变通的，现在也没什么问题。所以，守正才能出奇，奇一多就邪了。守正就是依法经营，(保持)良好的心态，比如说欠钱还钱，亏损认账，做错了赶紧检讨等。去年全球500强里，10%是亏损企业，一个企业亏损了不丢人，犯法才丢人。万通之所以能够走到今天，在地产市场上有所发展，最主要是坚持了正气。

冯仑认为，万通在社会经济急剧转型时期，能够在不规则的空间里发展到现在，并非偶然，而是出奇制胜的结果，其中，创新、变通等大的战略安排起到了非常关键的作用。现在法治环境规范了，万通提出守正出奇的理念，围绕一个"正"字做文章，在非专业化领域做到专业化，在专业化空间精细化，在精细化空间做市场网络。随着法治化进程的不断发展，只要在规范空间内做，"拙"就可以变为"巧"。

在"守正出奇"这一企业文化的正确引导下，万通取得了辉煌的成就。也正是因为这一企业文化，万通在发展过程中才能避开许多陷阱，在许多同行倒下时一直坚持到现在。

2.公平竞争，"剩"者为王

随着中国民营企业发展历程的持续推进，以及公司改革的不断深化，很多人都在探讨这样一个问题：什么样的企业才能算得上是好企业。其实，对好企业的认识是一个仁者见仁、智者见智的问题，并没有一个统一的标准和答案。

在冯仑看来，判断一家企业是不是好企业，有三个简单的标准：第一，好公司应当自己一句话说得清楚，别人一眼看得懂；第二，一定要看得见终端产品的连续销售；第三，要看公司老板或经理下班以后干什么，和什么人混在一起。

这三个标准看似简单，其实包含着很深刻的内容。

第一条，好公司应当自己一句话说得清楚，别人一眼看得懂。公司是做什么的，不只公司的老总能够一句话讲明白，公司的员工也能讲个八九不离十。此外，与公司无关的人也能够看明白企业是怎么回事。能够做到这一点，说明这家公司业务内容很单纯，企业文化能够保证员工积极地投身到企业的建设之中，这样的公司一定是一家具有长远发展目标和良好企业文化的公司。

第二条，一定要看得见终端产品的连续销售。公司的根本目的就是为了获取利润，这是一个公司持续发展的基础，也是员工能够安心工作的原因之一。如果一个公司不能将产品销售出去，就会陷入现金断流的困难境地，这对公司的影响非常大，甚至会造成公司的垮台。

第三条，要看公司老板或经理下班以后干什么，和什么人混在一起。如果一个公司的老板或经理下班后往产品市场和资本市场上跑,或者到同行中居领先地位的企业取经,那么,这个公司一定是一个非常有发展前途的公司。相反,如果公司的老板或经理一下班就奔赴酒局,吃喝玩乐,这样的公司是不会有什么大发展的。

除了上述三个标准,冯仑还提出了一个更为简单的评判公司好坏的标准:别的公司倒下而最后"剩下"的公司,就是好公司。他说:"现在是'剩者为王','剩'是剩下的'剩',你剩下了,你就成功了。要想成为剩下的企业,确实不容易。"

其实,"剩者为王"这句话并不是冯仑首次提出的。2008年,全球经济环境恶化,美国那边著名的投资行倒了,国内不少制造业倒了,房地产企业也进入了冬眠期,很多别的企业也都面临着各种问题。在这种情形下,有人提出剩下来的就是胜利者,熬过去的才有重新发展的机会,于是就有了"剩者为王"这句话。

"剩者"可以看作达尔文所说的"适者",正是因为有适应能力,所以才能剩下来。恐龙因为不适应环境的变化,不能在物种竞争中剩下来,所以从地球上消失了。剩者就是剩下的人或自然界的一切事物,剩者,就意味着有出头的机会。从古至今,那些在战争中胜利的人都是好样的,就可以称王。在现代,整个地球就剩下几百只熊猫,所以它们显得特别珍贵,被奉为国宝,得到特殊的待遇,因为它们是剩下的稀有动物,物以稀为贵,它们就可以称王。对于一个公司而言,要想在日益激烈的竞争中存活下来,就要经历社会革命、自然灾害、技术革新、商业周期波动等各种危险。

冯仑以房地产公司为例来分析"剩者为王"的道理:很多人对未来房价的升降有看法,未来不是升就是降,也就是说,有一半人赌错了,这个时候,赌对的人就剩下了,只留下了50%。在赌胜的人中,又有哪些会继续剩下来呢?那就是有多少钱的问题了。你只有100元,他有1000元,同样100%的回报,你和他就产生了一定的差距,你可能就输了,他就剩下了。所以,在冯仑看来,在趋势判断同样正确的情况下，资源约束取决于企业资源的差距。如果前两项没有分出结果，那就取决于选择的角度。比如，同样是做房地产，有人做住宅，有人做酒店，都涨，但住宅涨得时间长些，那做住宅的就剩下了。假定大家都是做住宅的，那就是管理好的剩下了。因为住宅的竞争就是规模的竞争、成本的竞争、营销的竞争，最后剩下的一定是管理好的。

冯仑还认为，好公司是那些按照商业常识经营的企业。他说："我认为民营企业最常犯的错误是不相信大道理，比如公司要有治理结构、战略、价值观等，听的人很多，但不相信的人更多。我们相信大道理，而且一直按大道理走。相信大道理的人，人家看你都是尊敬地看你。"他这样说是因为有很多企业"不相信大道理"，从而走上了万劫不复之路。德隆和三九就是这方面的例证。冯仑在《学好才会赢》一文中写道：

德隆也好，三九也好，我以为问题都不出在现行体制对它们的不公正待遇上。因为两家分属民营和国有，但致命一击却同样是所谓资金链。显然，在现行体制下，资金流向并不因为企业性质而被阻断，甚至民营的德隆从各个方面融到的资金还数倍于国有的三九。其实，真正的危机恰恰在于面对日益完善的市场秩序，它们未能按商业竞争的常识经营自己的企业，反而一再企图违背普遍商业规律，勾兑政府，牟取暴利，逃脱监管，创造自己幻想中的奇迹。

过去十多年，中国的经济一直处于计划体制向市场体制转型的过程中，那些善于和政府及体制打交道的人摸索出了一条成功的捷径。他们在发展过程中，总是按照一套固定的思考模式和行为习惯去办事，对公开竞争中的游戏规则毫不在意，对商业竞争所要求的能力更是不管不顾。但是，随着中国加入世界贸易组织和国企改革最后攻坚的完成，市场经济体系已经成为中国经济体制的主导性力量,竞争规律也已由与政府的博弈转为企业间纯粹的商业竞争。

因此,奉行"战略导向、创造股东价值、公开透明、公平竞争、制度取胜"行为方式的公司的优势越来越明显,只有这样的公司才能在激烈的市场竞争中"剩下",成为真正的"王者"。

3.居安思危,避实就虚

企业想要获得长远的发展,必须要有一个发展战略。企业战略是指企业根据环境的变化、本身的资源和实力选择适合的经营领域和产品,形成自己的核心竞争力,并通过差异化在竞争中取胜。在冯仑看来,战略对一个公司而言,就像是目标和航线。

虽然战略对于一个企业而言很重要,但令人遗憾的是,中国的很多企业在战略规划上常常表现为"有战无略",也就是在细节上用力,但缺乏对大局的把握。这一方面是由于很多企业的创办人忙于应酬拉关系和营销,不能好好地静下心来思考,以至于琐事淹没了大局;但更多的原因,还是出在对战略管理的认识不够或有误,存在着很多认识上的误区。

误区一:把策略当成了战略。

也就是把做什么、怎么做当作战略,把具体的操作步骤、流程当作战略。很多企业经常是先确定要做什么事情,在这个既定的前提下,将怎么组织人、怎么组织钱、怎么打开市场作为企业的战略。这么做,实际上意味着企业没有战略,而是直接到了策略层面。战略是大方向，而策略是在大方向确定之后的具体处理方法。如果只有策略而没有战略，很有可能花了大力气，结果却南辕北辙，无法实现企业的大目标。

误区二：错把目标当战略。

有些企业，投资布局了几个行业，认为自己的战略就是把这几个领域做强做大。这并非真正意义上的战略，而只是把具体的目标当成了战略。战略是相对抽象的，但更具有大局观，比如，企业的核心竞争力是什么，与竞争对手之间的优势在哪里，与他们的不同之处在哪里，是要多元化发展还是专注于某一个方向，企业的理想是什么，等等。战略当然是有目标的，但并不局限于某个具体的目标。

以上提到的对战略的误解，很多企业都存在这样的问题，其中相当一部分企业不符合现代企业的潮流。中国民营企业最初的组织形式，一般都是江湖式或家族模式的翻版，行动能力强，却有些盲目；而国有企业依然没有摆脱机关，或者政府部门附属物的形象，效率低下。

在各种问题面前，万通没有自乱阵脚，而是按照一个清晰的思路有条不紊地进行着：先是做战略，确定大方向和大原则，之后引进资本和人才，然后才是增加投资、私募资金、上市等。因为万通的目标是做成一个有竞争力的企业，所以对外部环境不像其他公司那样关注。

上海易居房地产研究院发展研究所副所长杨红旭对万通做过一番细致的分析，认为万通地产属于典型的京派，有一个理性的企业战略，擅长合纵连横，以稳健为主，不轻易冒险；特别是与天津泰达的合作，使万通赢得了广阔的发展空间和良好的发展势头。可以说，正是因为重视企业战略，选择了一条适合自己发展的道路，万通才能在竞争日益激烈的房地产领域取得辉煌的成就。

冯仑认为,企业战略的重要性还体现在反周期能力上。国内外的经济规律显示,一家企业要想长久发展,必须对经济周期有一个把握,要具有反周期能力,也就是"熨平"经济周期,平安度过周期性出现的萧条期。房地产是一个特殊的行业,产品周期长,一般都要经过经济低潮期。在经济低潮期,开发商所受的打击最大,所以必须通过商业模式的创新来缩短经营周期,将经济周期的影响降至最低。

冯仑对反周期能力做了解释:"反周期能力,具体是指怎样在繁荣的时候卖产品、萧条的时候买土地,怎样研究产品的抗跌性,怎样研究产品的差异化和均质化,怎样对付不同的周期,怎样借助资本市场的作用,怎样规避债务融资过度,怎样使繁荣时候的市场扩张行为能够在萧条的时候不被勒死等问题。"

冯仑在文章《楼市明年步入理性生长期》写道:

对于一家公司而言,萧条周期是出现死亡率最高的时期。企业必须保持足够的现金流,减少负债,踏准节奏,留好退路,培养抗风险的能力,才能灵活应对市场的波动。因此,企业必须学会"反周期思考",这也是万通一直坚持的反周期经营策略。

照此,企业应该在市场繁荣时为萧条时做准备,在萧条时为繁荣拓展。对地产企业而言,就要在繁荣时卖房,低迷时买地;或是繁荣时在郊区买地,低迷时在市区买地。

房地产业的商业周期与宏观经济、政策环境有着密不可分的联系。经典的商业周期一般在7年左右,在7年时间里,企业要经历萧条、复苏、繁荣、衰退四个环节。万通在20年的发展过程中,经历了两个经济周期。第一个经济周期为万通提供了良好的机会,使万通完成了资本的原始积累;在第二个经济周期,万通在北京做了一些好的项目,赚了很多钱。

因为看到很多和自己一起做房地产的公司都死于经济周期中的萧条期,同时也看到了经济周期对房地产公司的影响,所以,冯仑总想着能找到一个方法尽量减少经济周期带给万通公司的打击。

如果一个公司随着经济周期来回上下波动,这一波赚钱了,下一波又赔进去,再下一波再捞一些回来,那么公司要保持持续稳定的增长几乎是不可能的。冯仑清醒地认识到了这一点,认为公司要发展,必须把反周期的问题解决好——在繁荣之后怎样应对萧条,在萧条来临后怎样从容面对复苏,政策周期、经济周期、企业周期、产品周期,这几个周期必须配合好,企业才能平稳地发展下去。

万通实现真正的企业化,并确定自己的战略,这过程并不是一帆风顺的。最初,万通在经历了一系列扩张、分家等事情后,度过了几年蛰伏期,然后才逐渐走上正轨,进入平稳的增长期。特别是2002年以后,万通找到了发展的新方向,把公司拉回了正常的商业轨道,使其按照一个现代公司的模式经营。面对各种各样的困境和变化,万通的策略都透露出一个"让"的哲学。居安思危,避实就虚,正是如此,才让万通安全地走到了现在。

4.万通成功的五个经验

战略对一个企业的重要性是不言而喻的,很多企业也都意识到了这一点,但如何针对企业的特点制订切实可行的战略,对很多企业来说仍是一个不小的挑战。冯仑和万通在这方面做得比较成功,他的成功经验可以为很多正处于彷徨阶段的企业提供有益的帮助。

第一,用必然性驾驭偶然性。

很多人抱怨说,别人成功是因为得到了某种机会,如果那种机会降临到他的头上,他也一定能取得成功。这种想法是对机会的误解。机会只是一种偶然性,它顶多在创业者的初始阶段起作用,当企业逐渐步入正轨后,机会不但不再重要,还可能成为陷阱。很多企业的成功并非偶然,而是必然,只是别人看不见或者不愿看见这种必然。

冯仑在《决胜未来的力量》中说道:"万科能在今年今月今日高速成长,好像只是机会好,看上去是偶然的,其实是必然的。这种必然性来自其十余年坚持不懈的公司战略和制度建设,这种必然性的力量是持久的、决定性的,它甚至可以创造出适合自己的'机会'或偶然性。哲人曾经说过,机会只青睐有准备的人。这是一种有智慧的断言,即用必然性驾驭偶然性。"

如冯仑所言,伟大的人物和企业,总是能在别人之前看到机会,并按照自己的内在逻辑,沿着必然的道路和趋势,把握住每一次机会。此外,他们还能因势利导,不断为自己创造发展所需要的"机会"。因此,对伟大的人来说,机会不会莫名地到来,也不会悄然地溜走。

目前国内的民营企业经营者最大的问题,就是无法掌握偶然性与必然性之间的平衡。想要更好地理解这个问题,就要清楚必然性和偶然性的内涵。必然性和偶然性是揭示客观事物发生、发展和灭亡的不同趋势的一对范畴。必然性是指客观事物联系和发展过程中合乎规律的、一定要发生的、确定不移的趋势。偶然性是指客观事物联系和发展过程中并非确定发生的,可以出现也可以不出现,可以这样出现也可以那样出现的不确定的趋势。那些民营企业把自己偶然的成功当成必胜的逻辑,把偶然性错误夸大为必然性,对企业的发展有极其恶劣的影响。要想避免这个问题,就要重视自己的长期战略,做好公司治理、培养正确的价值观等基础性建设。

第二,平衡短期诱惑与长期利益。

目前,很多行业的企业都会遇到在短期诱惑与长期战略二者之间选择的难题。搜狐创始人张朝阳在谈到华尔街投资的特点时说:"华尔街投资都是短期偏好,把上市公司拉来转圈,因为短期偏好是变的,今天这个明天那个,公司为了融资,为了股票价格高,为了给分析师留下好印象,让他帮忙说好话,跟着市场不停地变幻,结果,好好的企业就被搞乱了。"

对上市公司来说,如果企业想要实现业务增长,最好的办法就是按照以前做过的方式继续做下去,在做的过程中不断扩大规模,这是比较安全的做法。如果企业要转型,就会发生某种变化,流程、人、产品、市场都可能随之改变。这可能会让企业变得更好,也可能在短期内造成市场的下滑。市场下滑,营业额就会下滑,一下滑,股票就会跌,那时,又有几个企业能够挺得住?

这种问题在房地产企业同样存在。比如国家"90平方米政策"出台以后,基金经理和其他机构投资者认为房地产企业应该积极配合国家政策,造一些经济适用房。但房地产企业有不同的看法,它们仍然坚持按照目标客户的要求造房子,因为市场分为很多块,都做一类产品是不行的。这时就会出现问题:短期内如果不按这些投资者的要求去做,他们就会把你冷落下来,不买或者卖出你的股票;但如果一味唯他们马首是瞻,那全国的房地产公司都会变成一个样。

冯仑在文章《找准与投资者对话的波段》中,就提到了这个问题,并提出了解决之道:

上市公司最麻烦,业绩不能波动,可是在一个生命周期里,怎么能够不波动呢?长期增长和短期业绩表现之间的矛盾在上市公司表现得特别明显。

我们究竟是跟着市场、投资者的短期偏好走,还是坚持我们的长期战略……一位好的企业领导人应该坚持自己的企业战略,甚至当这个(长期)战略跟资本市场的(短期)偏好发生冲突时还能坚持,这是最不容易的。如果能够跑赢这些普通投资者,证明你的眼光高于普通投资者,这点是很难得的。

由此可见,在冯仑看来,坚持自己的企业战略才是最明智的选择,即使在长期战略与资本市场的短期投资发生冲突时,也要坚持下去。

第三,处理好变革与稳定、转型与发展的关系。

变革与稳定、转型与发展是两对矛盾,是企业在发展过程中面临的两难选择。很多企业都会遇到这种问题,比较典型的是联想。当初联想由电脑制造转向服务,因为资源有限,管理也受到了影响,所以变革后,原有的发展明显放慢了。如果资源充足,企业就会平稳地增长,虽然速度缓慢,但不会出现大问题。不过,这种情况对于当时的联想来说,还是很可怕的,因为新的服务没有建立,原有的业务萎缩,业绩必然下滑。所以他们只有两条路可走,要么破釜沉舟,坚决从电脑制造走向服务,并承受不小的损失;要么退回原来的状态,把服务全部卖掉,增加电脑制造的业务,以并购为扩大规模的主要战略。不是说转型不行,但这个过程是漫长的,资本市场的压力太大,没有那么多时间可以耗费。

冯仑在多个场合多次阐述过变革与稳定这对管理中存在的悖论。他在文章《亮出你的管理或空空荡荡》中写道:"有人说,组织一定要变革、创新、学习;还有人说必须稳定,一个建立了两三年的组织连旧版都没有夯实,变什么?据有人研究的结论是稳定的价值超过变革,变革会毁坏财富。变革和稳定是考验企业家的平衡木,绝对变革和绝对稳定都行不通,拿捏好不容易。"

可见,变革与稳定,或转型与发展,取决于企业家的智力抉择,也会受到外部环境和资源的约束,这两种理论谁对谁错无法分辨。也许专家会告诉你该如何抉择,但冯仑希望大家不要相信专家,而是根据自己的判断做出合理的选择。因为理论毕竟是空泛的,正确与否,取决于错综复杂的现实。

第四,做大容易做好难。

企业做大,短时期内可以实现,所谓大,只是规模而已,这个很容易;但要做好,却不是一朝一夕就可以办到的,正所谓"规模可以扩大,但时间不能压缩"。冯仑在一次接受采访时调侃地说,做大容易,做好太难,像《心太软》唱的,不是你的就不要勉强。

我国的企业基本上可以分为三大类型:大而乱、精而专、中而乱。在这三大类型的企业中,前两者大都活了下来,而第三种类型的企业则死了很多。在大陆地区,房地产业是一块香饽饽,很多专业并非房地产的企业都在做,其中包括中石化、中粮、中油、红塔,还有一些金融机构、电信公司,这种企业就属于"大而乱",但它们不会轻易死去,因为房地产并不是它们主要的经营项目,就算在房地产上赔些钱也不会让它们垮台。在中国台湾地区,国泰、统一这样的大企业也都做房地产,但房地产在总资产中所占的比例是很小的,有时候只是作为一种理财工具出现。

像万科、万通、SOHO中国等在大陆地区算得上"精而专"的公司,他们一心一意地做房地产,市场分化极为细致,走产品专业化道路,有专门做老年公寓,甚至有专门做女性公寓的,分工非常精细。

而那些"中而乱"的公司就很难活。这类公司表面上看似很强大,经过资本运作膨胀之后,更显得比实际状况好。于是,公司的管理层很容易变得盲目,不切实际地追求多元化,提出要在几年之内进入世界500强等。这些"中而乱"的公司,没有长久的发展规划和战略部署,不知道自己的长处和短处,不知道自己与其他企业的差异到底在哪里,弄不清楚什么该做什么不该做。房地产市场热了就做房地产,网络热了就做网络,结果什么都做,却什么都做不好,时间长了,只有死亡一条道路可走。

冯仑看清了这三种企业的实质和未来,所以,才会全心全力地把万通打造成一个"精而专"的公司。

第五,不希望成为传奇,但希望能够持久。

很多人希望把企业一下子做大,最好做成世界500强。其实,企业需要的不是传奇式的增长,而是健康、持续、安全的增长。万通就希望能够健康、持续、安全地增长。冯仑接受采访时表示,万通不能做一家忽起忽落、昙花一现的公司,而要成为最理性、最有前瞻力、最持久的公司,也就是"不希望成为传奇,但希望能够持久"。

冯仑是这样说的,也是这样做的。他为万通规划了三个发展方向:首先,成为赢利能力最强的房地产公司;其次,成为高端市场的领导者;最后,成为最理性、最有前瞻力、最持久的公司。

在冯仑这种思想的影响下,万通一直把好公司当成自己学习的榜样,对好公司进行深入的研究,从而提高自身的能力和水平。万通曾经把全世界最大的10家地产公司和中国最好的10家地产公司的年报进行综合比较,研究它们的差异,从而找到它们的优点,进行学习。正是在"不希望成为传奇,但希望能够持久"的思想的感召下,在先进企业的影响下,万通才一步一个脚印踏踏实实地走到了现在。

5.把脉民营企业"顽疾"

从中国民营企业的发展史来看,民营企业一直长不大,活不长,15年成了跨不过的一道坎儿。直到今天,万科、联想、万通等企业才实现了新的突破,开创了民营企业新的历史篇章。

冯仑对民营企业的"15年之痒"进行了观察和思考,他想弄明白究竟是哪些东西限制了民营企业的发展脚步,民营企业如何才能打破它的增长极限。

冯仑认为,我国民营企业在发展过程中普遍存在以下几个方面的问题。

一是容易感染四大历史性障碍和四大顽疾。

四大历史性障碍包括:公司创业初期,在资本原始积累过程中所形成的原罪,以及由此带来的资本结构、投资结构、投资方式、治理结构和公司文化等方面的问题;组织进化过程所带来的冲突与裂变;由身份转变所带来的冲突和煎熬,相应的公司由社会政治文化为主导的企业文化向纯粹商业文化为主导的企业文化的转变过程中的文化冲突;公司要在社会性经济制度剧烈变革的同时,如何保证发展战略和策略的正确与有效。

四大顽疾包括:"青春期综合征"——因受资本结构所困,盲目冲动,一切以"大"为目的;"心肌梗塞"——长期资本不足,现金流量不畅,即使有数十亿的资产,也容易暴毙而亡;"癌症"——缺乏管理经验,不懂得投资和日常经营管理,赚钱心切,容易走极端,短时间内盲目扩张,致使公司内管理漏洞百出,弊端丛生;"心病"——在突然到来的金钱和荣誉面前把握不住自己,把偶然的成功当成必然的胜利,盲目自大,个人权力欲望无限膨胀。

四大疾病与四大历史性障碍息息相关,民营企业一般很难逃脱它们的魔爪。

二是老总的出身会影响企业。

在中国大部分企业中,创业者对企业的影响力普遍存在。

王石曾经以自己为例讲过民营企业的"出身论",他是军人出身,所以万科的管理很严格,在组织性、纪律性方面都很规范。冯仑曾经有在政府机关工作的经历,所以他对中国整个政治、经济体制的演变过程了解得非常清晰透彻,这直接影响到万通的战略方向。具体来说,冯仑的个人经历对万通的发展,至少有以下几个方面的重要影响。

首先是价值观。冯仑自幼品学兼优,20岁入党,22岁到中央党校进修,后来一直在机关工作,这使得他始终以一个传统的好党员、好干部的标准来要求自己,无论做人还是做事,都不会越雷池一步。所以,他在做企业的时候心态比较端正,不该赚的钱坚决不赚,遇到困难也不畏惧。

其次是组织能力和宣传能力。冯仑受过正统教育的培养,还担任过学生会干部,这使得他拥有良好的组织和宣传能力。所以在创业初期没有《公司法》做参照的情况下,他在团结人、鼓动员工干劲、制定企业发展方向等方面都做得非常出色。这两种能力对万通的发展起到了重要的作用。

公司创始人直接决定了企业的发展。如果一个企业的领导者身上有很多问题,那么他的企业必然会受到严重的影响。

三是组织进化能力不足。

很多企业在创业初期主要是靠情感和伦理来维系企业规则。要想解决组织进化问题，就必须把组织的规则变成商人的规则，将领导权和收益权按实际出资以及其他方面来界定，如此，必然会造成组织的分裂。

冯仑认为，民营企业组织裂变有两种可能性，高水平的做法是按程序、按法律进行重组；另一种是低水平上的恶斗与裂变，一人带一拨人走，重复以前的故事，过几年又掰一次。这样的低水平循环导致中国民营企业组织进化始终无法完成。

冯仑在创业初期就经历了组织裂变的问题。

1993年，万通完成产权改革，万通集团公司正式成立，冯仑担任董事会董事长、法人代表。万通成立常务董事会，常务董事由公司的6个领导人担任，决策时一人一票，公司大事必须经过全体投票决定，每个合伙人都有否决权。但这样的董事会造成了组织效率低下，公司不能随着市场变化而灵活应变等很多问题。为了解决这个问题，冯仑把目光集中到了土匪的组织结构上。他发现，土匪组织之所以长不大，就是因为总在低水平上不断重复。每次官军围剿，土匪就分裂，分裂之后又拉出一些人继续干。冯仑认为这种江湖式的组织形式行不通，于是又向家族式寻求突破。

四川希望集团就是一个家庭企业，创始人是刘永言、刘永行、刘永美（又名陈育新）、刘永好四兄弟。他们都是大学毕业生，靠饲养鹌鹑、生产家禽饲料起家，经过十年的发展，希望集团成为了全国最大的民营企业。其法定代表人刘永行成为了1996年《福布斯》公布的世界500强中，中国大陆地区唯一上榜的企业家。这样一个由兄弟四人经营的民营企业，后来也不可避免地走上了分家的道路。

在冯仑看来，家族抗分裂的能力比江湖式的组织形式要强一些，但这并不是万通最好的选择。后来，万通有机会了解了商人规则,找到了合理改造组织、解决分歧的办法。

四是民企资本容易受外国资本的制约。

由于自身的地位和局限性,我国民营资本经常会受到国有资本的挤压,在这种情况下,它们把外国资本当成了救命稻草,但结果却并不让人满意。对此,冯仑在《跨越历史的河流》的文章中说:"在民营资本自有资本不足和外部政策环境不安全的条件下,外国资本往往扮演着'天使'与'骑士'的角色……近几年在海外上市的网络公司和高技术公司(还包括很多传统行业的公司),几乎都是凭借外国风险投资的力量,快速聚集资金和高速成长起来的。"

正如冯仑所说,有一段时间,民营资本几乎每年都得到了10亿美元以上的风险投资;尤其是以互联网等新技术领域为代表的一些高新技术企业,在得到外国资本的支持后,实现了飞越式的发展,百度、新浪等大公司就是其中的代表。

民营资本在外国资本的帮助下虽然得到了发展,但也容易在角逐中被对方所掌控。冯仑认为,民营资本在同外国资本的合作与角逐中,被它们巨大的资本规模和丰富的商业管理经验两面夹击,不得不弃守行业领先者的地位,沦为外国资本在中国市场的开拓者。这时,民营资本所能够扮演,也是外国资本最希望它扮演的只有三个角色,那就是代工(外国品牌、产品在中国的加工者)、营销伙伴和品牌延伸。

绿城,2006年年初通过配售可转换债券和私募股本,成功引进外国资本;其中,1.3亿美元的可转换债券在新加坡证券交易所成功挂牌上市,另外2000万美元由绿城董事会主席宋卫平出让持有的2%的股权获得。1.3亿美元可转债背后的抵押资产,是绿城51%的股份以及另一家绿城全资子公司51%的股份。

为外国著名品牌加工衬衣的江苏某著名企业,只能挣取这些海外品牌产品在当地销售价的1%的利润,而委托加工者所赚的利润在30%以上。即使这样，当国内人民币升值或劳动力价格上涨之后，海外订单很快就纷纷撤离中国，转向利润更高的国家。这会给国内企业带来很大的影响，很多民营企业面临着立即减产转行甚至破产的困难，而工人也将会有一大批失业。

民营企业在外资包围下进退维谷，已经成为很多民营企业的共识。荣丰集团董事长王征认为，民营企业发展最大的问题就是外国资本的挑战，他在接受采访时说："在国内市场，民营企业与外资竞争面临的最大的现实问题是资金。如果我们不能找到自己的融资渠道，或者不与这些外资联合发展的话，中国的民营企业就可能被市场边缘化。现在许多跨国公司巨头涌进中国，到处攻城略地。高盛、美林都是上千亿美元的大集团，这些大公司在国内是无可匹敌的，民企每年几十亿人民币的销售额在他们面前是小菜一碟。所以说，民企最大的问题是资金的问题，很多发展非常好的民营企业都是因为资金问题导致发展受阻。尽管现在很多领域都允许民企进入，但现在最大的问题是民企自身很弱，和跨国公司比，是九牛一毛，他们可以轻而易举地让我们倾家荡产。"

民营资本受外国资本制约的原因，主要是外国资本牢牢把握和控制着产品价值链的上游——品牌、研发和海外市场。民营企业只是外国资本的加工厂，一点儿成长空间都没有。另外，在价值观上，民营资本也处于弱势地位。西方商业文明已有三百多年的历史，已经积累起一套完整的价值体系和商业伦理，而中国的民营资本还处于起步阶段，在技术层面、管理知识和商业伦理方面都在向西方学习。所以，在与外国资本竞争与合作时，中国民企的价值观会主动倒向对方，特别是当国有资本不给空间或者政策环境让他们感觉不到安全的时候，多数人更是以价值认同作为寻求安全庇护的心理支持。

6.创造民营资本的新传奇

万通经历的二十年风雨,让冯仑对民营企业有了更深刻的理解和认识。对于民营企业存在的问题,他经过全面地思考,提出了以下几条解决的办法。

第一,民营企业家要突破自身局限性。

目前在民营企业中仍然存在着"原罪"的历史遗留问题,在社会舆论和道德指责面前情绪容易激动,做一些错事,甚至携带资本外逃。在商业精神方面,目前国内大多数民营企业长期形成的是一种商人的精神,而不是资本家的精神。商人的精神以个人私利为目标,重在牟取私人家族利益,强调私人关系,建私交,结私党,谋私利。而资本家的精神与商人精神具有完全不同的内涵,这是民营企业家自身的历史局限性造成的。

针对这种现象,冯仑说:"创造民营资本的新传奇,有一项最重要的挑战,那就是民营企业家要正视自身的历史局限性,勇于挑战自我、改造自我,从而突破自我,开创未来。"显而易见,未来经济社会中,真正能够驾驭企业发展之轮的,一定是那些具有思想底蕴和崇高理想的企业家。

正是因为看到了企业家在民营企业发展中所起到的重要作用,所以,冯仑特别强调民营企业家要突破自身的局限性。他认为,民营企业家要突破自身局限,应该从三个方面做起:第一,从内心深处到企业管理方式都彻底摆脱"原罪"的禁锢;第二,用资本家精神取代传统的商人精神;第三,借助经济全球化和网络时代的全新格局,迅速改变思维方式和竞争战略,将企业全面融入新经济。

尚德的施正荣、百度的李彦宏所领导的一批高新技术产业的出现，就是民营企业家突破自身局限性，"创造民营资本新传奇"的例证。网络和新经济为中国民营企业提供了一种全新的机会，使得它们能够迅速接轨国际资本市场，实现与欧美高新技术企业几乎完全一样的创富奇迹。

第二，在不同阶段要采用不同的组织形式，坚定不移地推动企业的组织变革。

冯仑指出，民营企业最大的问题是组织架构，要在不同的阶段用不同的组织形式。一开始是合伙制，继而变成股份制，有可能上市后又会有国际资本介入。

人们普遍认为，我国民营企业管理水平低，治理结构不合理。如果从管理学角度来看，这些问题就是组织和人的问题。民营企业的创业者一般都会经历由自然人变成商人、由商人变成领导者的艰难转型，在转型的过程中，组织形式也要朝这个方向变化。

在初创业阶段，创业者往往喜欢用私人家族，也就是合伙制来管理公司。这样做，一方面是受"摸着石头过河"的生存环境和"亲不亲一家人"的传统文化等因素的影响；另一方面，这种制度也有一定的优点——决策的快速性和目标的统一性，组织结构的扁平化和管理成本的最低化。但是，挖完第一桶金，私人家族就不行了。这是因为家族制存在着很多弊端。当企业发展到一定规模，家长的独裁和专制倾向往往会日趋严重。在走出原始积累阶段之后，一些亲缘制家族企业的家长们就会飘飘然起来，把企业当成自己的私有物，刻意去树立自己的绝对权威，甚至搞个人崇拜，听不得反对意见，导致整个企业管理水准下降，活力减弱，效率降低，组织僵化，上下沟通受阻，市场应变缓慢，员工凝聚力和归属感下降，内部腐败分化，争权夺利，搞派系斗争，企业迅速走向衰败。

香港首富李嘉诚拥有长江实业公司，但他的公司不是家族公司，他的儿子李泽楷从国外回港后并没有去李嘉诚的公司上班，而是到别的公司打工。直到几年后才回到李嘉诚旗下的和黄，从最底层做起。

这件事给了冯仑很大的启发。他认为，企业想要有更强、更长久的生命力，就必须按照现代公司治理结构来做，不断改善自己的组织结构，只有这样，企业才能拥有顽强的生命力，才能在激烈的市场竞争中立于不败之地。

坚定不移地推动企业的组织变革，其目的正是建立现代公司的治理结构。在2009年新年献词《在历史的长河中学会坚定不移》中，冯仑说道："我们应该有勇气适应社会经济的变化，这当中最重要的就是坚定不移地不断提升企业的组织化程度，使自己公司的组织能够适应经济环境和竞争规则的变化。只有把一家企业的组织架构提升到能够和外部标准、外部公众期待以及所有强制性的法规自然接轨的状况，这样的组织才能见容于社会，才能够在社会的主流渠道上健康发展。"

组织变革带来的最终结果会使公司管理依据由内部标准变为外部标准，由老板标准变成市场标准、法律标准和公众标准。要由人治变为法治，这个法可以是《公司法》、公司章程、公司规章，也可以是外部的监管条例，以及一切与公司运行相关的法律。

第三，坚定不移地相信市场力量。

中国过去30年的改革是非常成功的，主要表现在两个方面：第一，中国建立和扩大了市场调节的范围。市场是经济活动的前提，如果没有市场，经济活动将无法进行，财富的增长和创造也就无从谈起。第二，在市场中允许民营企业做大做强，目前非公经济已经得到了很大的发展，成为了一股强大的力量。这样一个巨大的成就和事实提醒着人们，市场将会在未来发挥更重要的作用。

冯仑认为，市场经济发展了中国经济，创造了前所未有的繁荣与昌盛。市场经济是使国家走向经济繁荣、社会稳定、政治进步的一个重要力量。中国想要进步，就必须发展市场的力量，也必须发展民营企业的力量，在这样的前提下，人们对民营企业未来的信心丝毫不能动摇。

万通地产的经营思路就是以市场为导向的。同样以市场为导向的，还有万科。万科总裁郁亮曾说："万科最相信市场，我们始终对市场保持一份敬畏之心。为什么保持敬畏？因为市场力量最大，任何力量都无法改变整个市场发展规律……尽管上半年我们拥有2.7%的市场份额，但即使如此，也无法改变市场的趋势，所以，我们对市场力量保持敬畏。每个企业都要顺应市场的变化。如果我们偏离了这个市场，漠视、忽视市场的变化，我们就不可能取得好的经营业绩，这是我们的根本。"

敬畏市场、相信市场，也许就是万科一直是中国地产业的标杆且始终屹立不倒的最重要的原因。冯仑同样看到了市场强大的力量，所以他提出要坚定不移地相信市场的力量。民营企业必须抛弃与体制博弈的习惯，勇敢地在与市场的博弈中做大做强。

第四，坚定不移地进行自我提升。

随着经济社会的急剧变化，企业家的身份不再单一，而是同时扮演多种角色。有时候，各种角色之间会发生冲突，在这个过程中，偶尔的错误会与社会公众的预期以及行业发展要求之间产生矛盾。这种矛盾会使企业家自身的形象受损，使民众和政府对企业家的看法出现更多的分歧，提出更高的要求。所以冯仑说："民营企业家必须坚定不移地进行自我改造和提升。如果我们不能够在变化和进步的社会中自我改造和提升，过去的成绩将会是我们失败的根源，而不是让我们进一步成功的动力。企业家在人生的道路上必须不断调适自己的观念和心态，使自己的价值观、知识、行为都能够适应社会变革的需要，只有这样，企业家才能够真正成为这个社会的楷模，成为为社会大众所欢迎和青年人学习的一种积极的社会力量。"

承担社会责任,最重要的是把企业内部的品质、管理、对员工负责任等通通纳入企业的社会责任当中。冯仑在日本考察期间遇到的一件事情让他感受颇深。日本一家食品企业把负责社会责任事务放在质量管理部门,而不是单独成立一个部门。冯仑觉得奇怪,就问他们为什么这么做。他们告诉冯仑,公司是做火腿生意的,只要保证食品安全、健康,就是最大限度地承担社会责任。由此冯仑认识到,坚持承担社会责任一定要重视长期性的制度安排,同时也要把外在的、表面化的一些工作,转化为内在的、长期性的、基础性的建设,用这种方法提升企业在社会责任方面的水平。

第五,坚定不移地用变革来跨越经济周期。

市场经济必然会有周期性的波动,2008年下半年出现的经济危机就是这种波动的体现。当时全球经济都陷入了巨大的波动和不确定中,在这种情况下,很多人不知所措,甚至丧失了理智,等着企业灭亡。

冯仑看到了很多民营企业在经济危机中的表现,他认为,要坚定不移地用创新和变革来对抗并跨越经济周期。他说:"我们知道,企业家除了要面对自然灾害、社会革命以及技术革命外,实际上,作为领导者和管理者,能够发挥最大创造力、想象力和生存能力的地方,就是不断遇到经济周期性波动并战胜它。"

如他所说,那些聪明和有勇气的人并没有被经济危机吓倒,他们选择用创新与变革来对抗这种周期,期待着经济波动过后的繁荣。

第八章

制度为王，管人先管己

· ·

1.制度是企业成长的保障

冯仑是一个注重制度的人，也是一个会构建制度的人。万通最初是用江湖式的方式成立的，属于兄弟们共同创业，一般这样的公司在制度上会存在很大的问题。这些问题在创业初期进行资本积累的时候表现得还不明显，但一旦小有成就，就会日渐显露出来。

之所以会出现这种情况，是因为没有一个透明的、规范的制度去制约。朋友间有共同的爱好、目标以及愿景，但也有分歧。在最初的时候，大家会为了企业的生存而努力，这时候，所有人的目光都在怎么赚钱上，目标一致，自然没有太多的分歧。可是，一旦企业实现了赢利，彼此就容易出现分歧了。因为赢利后的企业目标不仅有赚钱，还有发展，而心中的公司应该发展成什么样子，每个人又往往有不同的看法。这时候就容易出现各执一词，谁也说服不了谁的情况。

如果是一个制度健全的公司，就可以用制度来解决这件事情，比如通过投票等方式，大家都说出自己的想法，哪一个获得的支持更多，就按照哪一个说的办。可要是没有制度约束，那就不好办了。谁都觉得自己是有理的那个，是应该被支持的那个，众人的观点很难得到统一。

冯仑正是看到了这一点，所以，万通在成立之初就成立了类似董事会的组织。每一项决策的进行，都要大家一起以董事会的形式进行讨论，最终决策。在这个过程中，因为有一个制度在，即使有不同的意见，也不会产生真正的冲突。这就是规范化的力量。

从现在的角度看，冯仑他们当时的做法并没有太多值得敬佩的地方。不过在市场刚刚开放的时候，他们这么做绝对称得上超前。

一个稳定的企业，一定是内部成员彼此合作默契的企业。这份默契靠所谓人情等是不行的，必须靠规范化的制度。一个成功的企业家，也一定是一个规范化制度设计的高手。如果企业管理者不能用好的制度管理自己的公司，那它总有一天会被时代落下。

企业管理者是企业的灵魂，是企业的头脑；而规范的制度是企业的保障，是企业向前发展的动力源。因此，一个企业管理者必须要有规范化的意识，这是基本能力。

企业能够快速成长，成长之后能够保持稳定而又持续的发展，依靠的肯定是健全而又规范的制度。在这方面，苏宁有很多值得其他企业借鉴的地方。

在苏宁掌门人张近东看来，一个企业想要发展，制度是最重要的。不过，想要建立一个合适而有效的制度，并不那么简单。他觉得，首先要面对的就是两个难题：第一是怎么看待制度，将制度放在一个什么样的地位；第二是怎样才能制订出有效的制度，制定制度之后又如何去执行,怎样让它发挥出应有的效力。

面对这两个问题,张近东交出的答卷很是精彩。关于第一个难题,张近东给出的答案是:"制度重于权力,我们苏宁不是人选人,而是制度选人。"这是很高明的经营手段。很多企业管理者都摆不正自己的位置,觉得自己是企业中的老大,自然享有最高的权力,但这并不是好做法,最好的方式就是凡事以制度为准则。管理者一定要明白,遵从制度不是为了制约你的权力,而是为了给企业谋利益,所有的一切都是为了企业的发展。有了这层认识,自然也就明白遵从制度的必要性了。这种做法不仅有助于提升团队的凝聚力,利于构建团队精神,更能够避免权力滥用,防止很多灰色行为,对企业的发展是绝对利大于弊的。

确立了制度的重要性之后,就是制订和执行具体的制度了。在这方面,苏宁也做得很好。他们规定,在制度的制定过程中一定要充分考虑到政策性和时效性,要多制订一些具体的标准,少一些空泛的概念,多一些量化的规定,少一些精神层面的定性。这是一种务实的态度,这样制订的制度看似冰冷,每一条都有具体的数量标准,但其实这才是真正的人性化,需要员工拿出态度和精神,是对能力和付出的尊重。

制度确立之后,就是执行了。苏宁规定,领导层要做出表率,率先执行制度,更重要的是,要做到制度面前人人平等,不能因为是较高一层的领导就存在"放水"行为。

而且,苏宁并不是采取一次性成型的方式制定制度,他们认为制度应该不断完善。只要在执行中觉得哪条制度有问题,就马上提出来,在第一时间予以解决。这样就保证了制度的生命力,保证了制度永远都跟公司的发展同步。

通过这一系列的整改,苏宁完善了自己的制度,也增强了自己的生命力,更给了员工无限的干劲。这些都是保障苏宁高速发展的原动力。而这些,自然源于张近东的思考和管理经验。

一个决策者,成功的标志不是手里有多大的权力,而是有多少人愿意为他做事,愿意为他好好做事。想要实现这一目标,完全靠个人魅力是不行的,魅力总有用完的一天;靠培养员工的绝对忠诚度也是不靠谱的,有忠诚就必然会有反抗和背叛。只有靠规范的、人性化的制度去激励员工,让他们对公司产生一种归属感,自身有一种安全感,公司才能真正拥有长远发展的基础。

2.好制度必须公开透明

成功的企业要有一个好的制度,更要有一个透明的制度。在这方面,万通做得很好。不管是对内还是对外,万通都是透明的。他们有自己的历史陈列馆,上面记载着万通的每一步发展,这样做就是要让员工和外界看到万通是如何成长起来的。

冯仑在第三届中国上市公司市值管理高峰论坛上说:

透明度可以有效地促进内部约束力的加强,包括人的制度约束、道德约束、行为约束等,保证更好地执行制度和传承。

如果一个公司总是有麻烦事,总有是非,你哪有自由? 只有通过良好的治理消除是非,你在生意过程中才会有自由。所以,我们分三部分,一个是创造价值,提高资本回报率,提高我们治理结构的完备性、透明性和可操作性,同时增加我们信息披露的及时、准确、连续，让我们投资者有一个踏实的想法。我们告诉大家我们坚持了18年，不能因为上市才透明，我们公司在创办初期，从1993年开始做年报，我们的年报从来都是公开的，并不是上市以后才公开，我们万通上市以后一直是公开的，你的财富跟社会体制道德要保持一个兼容性，才可以持续安全地运行，最后，我们价值创造的目的是创造价值和实现价值，实现价值根据经济周期不同采取不同的策略和方法。

我们在公司治理方面实际上就是治理结构，比如说董事会怎么开。我们开董事会经常换地方，我是房地产，北京会出现很多新的空间，比如说安排一个酒店，比如说新出一个俱乐部，在开会当中要录音、摄像，要把大家的发言记录下来。再一个规范各方面行为，跟投资者沟通，跟媒介建立一个合理的关系，既要随时随地按照规范披露，同时也要抵制和遏制不负责任的媒体对企业造成的伤害。包括前一段时间大家看到的一些报道，有一些媒体从业人员没有资质，也没有记者证，他们选最好的公司获取额外的利润，如果你们不答应他，他就会做出一些"猥亵"的行为。我们作为"良家妇女"，要保护自己，一定要做两方面工作，既要保证自己的生命安全，也要及时依靠组织，对这些不良媒体做出一些反应。

我们在网上有接待日，会定期把产品拿出来跟大家沟通，同时还有要求，我们要求中小股东推荐股市，邀请中小股东提名独立董事，同时在网上公开征集中小投资者对试行分配方案的意见。再有，我们有投资者跟股东之间的日常关系，我们跟股东沟通从2008年3月到现在，一共举办了43场投资者网络互动，答问超过1200条，内容涉及非常广泛，包括战略、产品、财务、私人问题，网民非常热情，股东也很踊跃，我们先后接待了近70家机构和100位基金公司经理到公司来调研访谈。我们还借助股东会、业绩会、媒体见面会、投资者见面会等会务平台，推动投资者与股东的互动。

冯仑的这种做法收到了良好的效果。对于员工来说，这是一种信任，公司把自己的所有展现在员工面前，为的就是让员工彻底了解公司，跟公司一同成长；对外界来说，这是一个态度，公司将自己曾经做过的事情，不管是成功的还是失败的，都放在你眼前，为的就是让你更好地了解公司。这是一个真诚的合作态度。

当制度规定和执行标准摆在眼前的时候，每个员工对自己的行为都会有一个清晰的定位。他知道自己做的事会得到什么回报，自然会更加努力。同时，如果有人想要进行一些灰色操作，有曾经的惩罚案例摆在那里，也能起到一定的震慑作用。这种透明让人与人之间的关系变得更加简单了，也让员工对自己的行为有了一个很好的预期。这是节约人力成本的一个很好的办法。

而将公司的制度分享给客户，则不仅表示公司对客户绝对信任，还能让客户对公司有更好的了解，从而在合作中更加默契。

更重要的是，一旦制度透明了，每个人都能看到其中的利弊，都能指出其中的利弊，这样更有利于制度的整改和更新。这是一个公司进步的重要条件。

做管理，其实就是做人心。当管理者将自己的一切都放在员工面前的时候，员工会觉得领导信任自己，也愿意跟自己一道前进，这对提升团队凝聚力和竞争力有着极大的帮助。

很多企业家会给自己的员工一个愿景，不过大都流于口头，更像是给员工画了一个大饼，虽然很诱人，却不能吃。这种做法在最开始的时候虽然也能激发员工的工作热情，可是难以持久。员工一旦发现老板只是在口头上敷衍自己，就会彻底地泄气。

还有的管理者会给员工愿景，也愿意实现，却无法让员工有一个清晰的感知。他们在内心是愿意培养员工的，也愿意重用员工，甚至也有一个非常科学的员工成长计划。但这计划只在他自己心里，员工并不知道。因为不知道领导的想法，所以员工会觉得自己升职很困难，久而久之，就会懈怠；而领导则觉得自己有一个详细的培养计划，但手下人缺乏干劲，因此找不到人才。

这时，只要有一个透明的激励制度，就什么问题都没有了。它是切实可见的，员工内心有奔头，就会有工作热情，而这份工作热情释放出来之后，自然能够创造更好的业绩；在员工创造业绩的过程中，领导者看到他们的努力和能力，自然愿意给予提拔，而得到提拔的人又会成为激励其他人的榜样。这样就形成了一个良性循环。

其实，所有的管理者都应该有这份认识，建立透明的制度，让员工安心、放心、用心，也让自己发现更多的人才，更好地经营团队。

3.起点公平，就是机会均等

对于管理者来说，如何激励员工是一件大事，也是一件麻烦事。很多管理者都选择直接用利益激励，可是有的效果好，有的效果却并不理想。之所以会出现这种情况，是因为利益确实是激励人的好手段，但并不是唯一的，甚至可以说，如果将它当成唯一的，还有可能适得其反。

一个人找工作，不外乎两点考虑：一是薪水，二是发展空间。这两者没有排他性，是互相结合的，很多时候，后者更重要些。有人会因为高薪水而去做一份自己不喜欢的工作，但很难持久，当有一天他发现一个能让自己赚钱又有空间和归属感的职位之后，便会毫不犹豫地离开。而有足够的发展空间的则相对要好很多，愿意为了将来的发展而忍受暂时沉寂的人实在不少。

因此，一个好的管理者就是能够给员工创造足够发展空间的人。而想要做到这点，公平的制度必不可少。

关于什么是公平的制度，什么是好的公平的制度，冯仑有自己的看法。他说，好的公平制度就是机会均等，大家都在同一个起跑线上，至于能跑出什么成绩，要看个人的努力和付出。一个有这样制度的公司，必然是员工愿意付出的公司。他在《起点公平就是机会均等》中写道：

让每个员工都有相同的机会，这样才能让企业更好。

对公平这件事，可以从不同立场来看。在思想史上一直都有两派观点：一是起点的公平，二是终点的公平。所谓起点的公平，就像运动会上跑步，枪一响，大家都从同一个起跑线出发，但是大家的速度总会有快有慢，否则刘翔也当不了冠军。强调起点公平，暗含着终点上是有差距的、不公平的。邓小平讲让一部分先富起来，这句话讲的时候，起点是公平的。

立场不同，心态就不一样。我1989年开始做生意那会儿，没人给我发工资，我和很多人一样也是下岗职工，那时候大家是起点公平。折腾了20年，有的公司破产了，有的公司还维持，有的收入多点儿，有的收入差点儿。20年以后，你说不公平了，那之前这20年的政策难道错了？1989年我起跑时，大伙儿都一样啊，今天说收入差距给整大了，那我也有想法。

强调起点公平、一致性或等同性，却不承认终点的必然差距，那在运动场上就没法儿玩了。所以，起点公平是强调竞争。愿意强调起点公平的，多数是强者、自信的人、愿意创业的人、愿意保持市场竞争环境的人。就像在运动场上跑步，刘翔肯定愿意起点公平，因为他跑得快，起点公平实际是激励大家奋力快跑。

　　不仅外部环境如此，管理公司也一样，要让每个员工都有相同的机会，这样才能让企业更好。

　　不过，也许有人会觉得，这样的制度对某些人来说不太适合，总是有人愿意一刀切，喜欢大家有同样的待遇。对于公平的制度，这些人也会有不满，甚至可能成为团队中的不稳定因素。对于这些人，冯仑觉得没必要担忧。

　　冯仑认为，人与人是有差异的，有的人喜欢起点公平，有的人喜欢终点公平。所谓起点公平，就是大家都有一样的机会；终点公平，就是大家都有一样的待遇。在一个拥有终点公平制度的公司内，更喜欢起点公平的人注定是不得志的，他们有抱负，却看不到希望，所以时间久了，这部分人会自动离开；同样，在一个起点公平的制度下，更喜欢终点公平的人也会很难受，他们会因为别人拿到的比自己多而不满，时间久了，一样会离开。

　　所以，企业管理者完全不必在意文化认同问题。建立一个起点公平、机会均等的制度，不仅利于激发员工的主动性，更会自动过滤员工，让那些不想付出却想着跟别人拿一样薪水的人自动离开。

　　华为总裁任正非也酷爱"公平"的管理理念。针对这一点，任正非还给人力资源部讲过一个故事。

　　河南有一户种桃子的农民，在桃子成熟的季节，为了赶在第二天拿到集市上卖掉，就找了两个人帮他摘桃子，说好一天摘完给每人20元钱。可到了吃中午饭的时候，主人发现这两人根本就摘不完，于是，他又找了两个人，说好摘完也是20元的报酬。到了快傍晚的时候，主人发现他们依旧不能摘完，没办法，只好又找了两个人，答应他们每个人摘完后也拿20元。天黑了，桃子终于摘完了，主人给下午和中午来的人每人20元，他们高兴地走了。给早上来的人工钱的时候,他们就有些不高兴了,他们嘟囔道:"为什么我们干的活比他们多,却给我们一样的工钱?"

故事中,干活时间不同的人获得的报酬却一样,这显然是不公平的。任正非就是想通过这个故事,让公司人力资源部牢记:个人收益与贡献的大小应严格对等,不容有一点轻率。不过,要想真正做到公平,必须要有合理的制度做保证。因此,多年以来,任正非一直在努力完善华为的人力资源管理体系。

华为建成完善的人力资源管理体系经历了多年的探索,而且为了保证合理性,每一条制度的建立都要经过详细充分的调查研究。

1995年,华为员工由最初的6人发展到了800多人。这时,当人力资源部经理把每人的薪酬数字报给任正非时,由于人数太多,他已不可能做到对每个人的绩效都了如指掌。于是,任正非就要求人力资源部拿出一个薪酬方案制度。人力资源部成立了薪酬设计小组,专门研究此问题。薪酬设计小组在3个月内开了十几次会,而且会中每次都争论甚至"吵架",但每次都无法得到最终的结果。随着会议的召开,他们甚至开出个"唯心主义"来:因为老是在西丽湖开会,所以肯定会"稀里糊涂",于是赶紧换个地方,到了银湖,结果两次搞定。其实,小组人员都明白,他们就是在这十几次会议和"吵架"中找出了问题,积累了经验。当然,还有一些问题没有弄明白,最后还得请香港的咨询公司来做。

但几次"吵架"也得出了一个很好的结论,那就是设计薪酬体系框架时,一定要把人与职位分开。其间,他们还总结出了"三要素评估法",即知识能力看投入、解决问题看做事和应负责任看产出。经过这样的评估后,把计算出的每个职位的分数制成职位系列表,从而得出哪些职位等级是平行的,哪些职位是重叠的。在平行职位上的可以实行薪酬相等制度，这在科研公司里有利于消除官本位思想；有职位重叠的就合并，以便节约成本、压缩管理层级，这能有效地解决企业的内部公平性问题。

到1999年，华为沿用的人力资源管理架构基本形成三位一体的形态，即绩效管理体系、薪酬分配体系和任职资格评价体系，三者三位一体，互通互联，形成动态的结构。

这套标准的优越性在于，华为对员工的评价、员工的待遇和职位不一定具有必然的关联性。在摆脱利益裙带关系之后，职位只是企业中员工做事的一个简单标志。任职机制去除了官本位后，员工上升通道自然打开，于是就有了这样的"神话"：时年23岁的李一男，在进入华为第二周就一跃成为高级工程师，半年后任中央研究部副总经理，一年后升任中央研究部经理，次年成为华为最年轻的副总裁。

企业要让员工在工作中首先有公平感，因为公平感会使广大员工心情舒畅，否则，就会使员工积蓄怨懑，影响工作，甚至成为企业巨大的隐患。任正非强烈要求设计薪酬体系，就是为了让所有的员工都能够受到公平的待遇，调动大家的工作积极性。

很多人都说，21世纪最重要的是人才，可是有太多企业管理者无法让人才发挥出应有的效用。之所以如此，就是因为没有一个公平的制度激发员工工作的激情和干劲。当努力和不努力获得的酬劳一样多的时候，谁都会选择不努力。真正好的制度，就是给每个人相同的机会，然后让他们凭借自己的能力胜出。这样的制度，不仅是激发员工潜能的制度，也是为公司筛选人才的制度。有了这样的制度，公司必然能够在竞争激烈的市场中占有一席之地。

4.有了制度要严格执行

很多企业都会犯这样的错误:认识到了企业制度的重要性,却没有采取相应的措施促进企业的发展。冯仑不同,他深刻认识到了企业制度的重要性,并根据万通的实际情况,制订了一系列措施。

(1)建立一套行之有效的管理体系。

在中国,将公司制度化、规范化和法制化的难度非常大。很多民营企业的创业者对企业进行个人独裁管理,他们就像冯仑所说的"一个马车的车夫"。在他们这种管理之下,公司制度荡然无存,公司经营隐藏着极大的风险。正是因为看到了这一点,冯仑才要把万通打造成一个"汽车型"企业,而不是"马车型"企业。所谓"马车型"企业,是指只有一个车夫能控制它,企业内部基本上没有制度文化,公司业务之间没有形成一个完整有效的运转体系,企业的运行不是依靠制度和体系,而是靠一个人或者几个人推动、协调,离开了那个人就无法运行;而"汽车型"企业则恰恰相反。冯仑要把万通做成一个按程序办事,即使公司董事长和总裁离开了公司,公司仍能按部就班地有效运转的企业,也就是"会永远不停赚钱的机器"。这就要求企业的内部要逐渐形成一套行之有效的管理运营系统。

(2)老板要把自己放进制度里。

在中国的民营企业中,创业者对公司的影响是非常大的,特别是在没有《公司法》以及企业不规范的时候。领导者可以凭借深层的人格魅力促进企业的发展,可有些时候,这种个人的力量也会为企业的发展带来负面影响。冯仑在接受专访时说,中国企业最大的一个毛病就是在很多情况下,是"以法制人",但不制自己,自己在法外。这种现象在企业的创办者中最容易产生,将自己置于公司的制度之外,不受制度的约束。

就个人而言,冯仑并不追求绝对的统治力,他希望自己对万通的影响是阶段性的、制度性的。同时,他还希望在有效的时间里把制度做好,把持续创造财富的机器做好。之所以会有这样的想法,是因为他懂得创造财富的是制度而非领袖的道理。

冯仑在武汉东湖论坛的演讲时说:

经过一段的琢磨,我发现了一个现象:只有制度可以创造财富,领袖不创造财富。大概在2004年国庆前后,我和王石还有远大的张总(张跃,远大空调董事长)一起到朝鲜待了一周,回来后,我在北京待了一周,随后又去纽约待了一周。这三周让我看到,制度与制度的差距在200年以上。

中国目前正走在改革开放的正确道路上,但是找到这条正确的道路相当曲折,耗费了70年的时间。70年之后,中国又继续做积累财富这件事,如果中国能够在20世纪20年代民族资本在上海兴起之时就开始做这件事,那么财富累积要比现在好。如果在中国找到一条规则来筛选领袖, 然后每个人试5年, 那今天中国的财富就会多得多。这在很大程度上是因为中国长期缺少一个稳定的、能够纠错的理性法律。因此,冯仑认为中国应该建立一个理性、法制、有自我纠错能力的制度。

正因为有了这种清醒的认识,冯仑才认为企业管理者应该将个人对企业的影响放在程序和制度之内, 而不是产生一种非规范、非制度的影响。冯仑在接受专访时这样说道:"我们今年董事会一项重要的工作就是将我和另外几家公司的主要负责人装到制度里去,公司今后每年会对我们个人进行单独审计。我希望把万通做成'美国式的公司'。所谓'美国式',就是在公司日常运作中程序第一、规则第一,所有的人都在制度中,而制度是以群体意志、以股东意志来设计的。"

从冯仑的言行中可以看出,他一直强调要按照程序与规则来进行企业管理。如果一家企业的制度不完善,甚至对制度置若罔闻,创业者只是凭借主观意志引导企业发展,那么这家企业就很容易出问题。

冯仑希望万通能够形成一个好的机制,不管他在还是不在,万通的未来都不要因此而发生变化。这是一个伟大企业家的远见卓识和坦荡胸怀!

(3)分清重要的事和紧急的事。

一个企业在日常工作中会面对很多重要的事和紧急的事,如何对它们进行分类对待、妥善处理,关系到企业的发展大计。比如客户投诉,那应该是一件紧急的事,但如果这种事情都要老板亲自处理,那么企业花钱请来员工又是为了什么呢?所以说,作为一名管理者,一定要分清什么是重要的事和紧急的事。

冯仑在搜狐博客中写道:"重要的事是建立制度,制订服务章程。管理自己,就是做重要的事,也就是管理自己的事。紧急的事,通常都是管理别人或代替别人管理的事。学会管理自己,就会变得很从容,因为把重要的事(公司战略、员工培训、制度建设)都做好了,剩下的事员工自己就能处理了。"

2001年前后,整个房地产行业都遭遇了信任危机,很多企业甚至知名的企业遇到了很多客户的投诉,万通也遇到了类似的情况。为了解决这个难题,公司下决心建立了三个层次的客户管理系统,将投诉的客户顺利分流。这样做的结果是,80%的问题在部门以下就解决了,需要经理解决的只有20%,而冯仑要面对的紧急事件每年也就一两件。

再来看看格力女王董明珠是如何执行制度，从严治企的。

从董明珠上任的第一天开始，就发现格力存在很多问题，而且，她所辖的经营部问题更多。她看不惯下属上班时一人一杯茶一张报纸，整天聊天的风气。于是，她一周开一次会，用半天的时间来讲纪律，针对具体的人进行评议，有的女员工甚至被她训得直掉眼泪。经营部以女性员工为主，很多人喜欢戴各种饰品，并且披散着头发。董明珠来到后，立刻要求他们将头发剪短，或是盘起来，更不允许员工戴着叮叮当当的首饰来公司上班。对此规定，董明珠的解释是：女性员工如果打扮得太随意，就会显得不是很有精神。特别是结婚生子后，不少女人会拖拖拉拉，这样不利于工作。如果打扮得太入时，也会影响工作。

格力"从严治企"的管理风格不仅体现在对员工着装、头饰的要求上，还体现在管理工作的方方面面。为了制造出世界上质量最好的空调，格力的管理层经过调研，一共列出了12条经常出现但又可以避免的问题，继而制订了"总经理十二条戒律"。他们认为这12条中，不管员工违背了哪一条，都会对格力的产品质量造成极大打击，继而影响到格力在消费者心目中的形象，甚至影响到企业的生存。因此，作为格力人，这12条戒律谁都不能违背。格力规定，一旦有员工违背了其中一条，马上除名。

由于"总经理十二条戒律"出台前，员工们已经懒散惯了，所以新规定的出台刚开始并没有引起太多人的重视，他们普遍认为公司又在搞形式主义。可是没过多久，他们就发现自己错了。"总经理十二条戒律"正式实施后不久就派上了用场，先后有5名格力员工因为违背戒律而被清除出格力队伍。至此，没有人再怀疑"总经理十二条戒律"的效力和格力领导层"从严治企"的决心。

管理是企业永恒的主题,任何企业在任何时候都不能放松管理。从严治企,才是企业发展的必由之路。奖勤罚懒、优胜劣汰是实行从严治企的重要手段。只有有了严格的制度、严格的执行、严格的考核和严格的管理,并把它们建立在有序、有情、得法的基础之上,企业才能兴旺发达。

5.坚决杜绝"人情"

自古以来,中国人就爱讲人情、面子、关系,这是中国人的人际关系模式。很多民营企业家认为,要想把生意做好,必定离不开各种各样的关系。所以,他们经常把关系的规模弄得很大,没有关系拉关系,有了关系就千方百计地利用,干什么都离不开关系,于是就出现了把公事当私事办,把私事当家事办,充分软化对方心灵的现象。这些人盲目地迷信关系,最后往往会被关系所累。

对一个企业家而言,关系在创业、经商、发展的过程中都能起到哪些方面的作用呢?

冯仑认为作用有三:第一,事业发展的需要。要发展事业没有关系不行;第二,安全的需要。万一有个急难,你有一个铁杆朋友帮忙,事情就会简单很多;第三,情感的需要。人总得有一些挣钱以外的情感交流。

由这三种功能来判断,民营企业对人际关系的经济规模的强度和范围要求并不相同，而是像金字塔一样。如果企业发展事业需要的关系对象层次越高、权力越大，那它需要的关系数量就会越少；相反，如果企业关系对象比较普通、一般，权力也小，那需要的数量就会比较多。

人们通常所说的人际关系，也就是所谓的人情。人情可以理解成人与人之间的感情，但很多时候，人情是建立在利益基础之上的，也就是说，是利益在一直维护着人情。把人情摆在明面上就叫面子，在日常生活中，我们经常听到别人说到"面子"这个词："我给你面子""看在你的面子上"……在汉语中，"面子"的意思是体面、表面的虚荣。在社会生活中，"面子"一词的使用频率非常高，面子问题有时甚至可以左右你做事的结果。

掩藏在面子下的是一种人情互动，即施与和回报。面子与人情有着千丝万缕的联系，只有与人情配合在一起，才会产生最大的效果。面子是熟人之间的通行证，既是一种担保，也是一种重要的利益交换手段，有了面子，人情就可以在不同的人之间储存和转移。

在中国文化背景下做生意，民营企业自然无法摆脱中国人的人际关系模式。当外部法律制度不够完善的时候，就要更多地求助于熟人，借助面子获得别人的支持。所以，民营企业把这些关系资源看得很重，他们不断地拉近生人与自身之间的距离，期待获得别人的帮助，不断超越规则、给予变通。民营企业在成长过程中如此重视面子、人情，是中国文化传统和现实体制双重作用的结果，最终形成了鲜明的"中国特色"与"地方习惯"。

这些"中国特色"与"地方习惯"肆无忌惮地发展，对正常的经济生活造成的影响越来越大。但在国外，几乎不会出现这种现象。

万通成立之初，董事长王功权就亲身经历过这样一件事。那时，王功权打算去万通在美国的分公司，便打了个电话让美国公司的秘书去接机。在中国，这种情况十分正常，但那个秘书是土生土长的美国人，深受美国文化的影响，她根本没有去接机。王功权到公司之后非常生气，要把秘书炒掉。秘书不明白为什么要炒她，她认为与公司签订的雇用合同里没有说明接老板的事情，这不在她的职责范围之内；如果要接就必须把接机的次数、油费和轮胎磨损等事情谈清楚。

国外把人与人的界限、事与事的界限看得非常清楚，这与中国的情况有着很大的差别。所以，冯仑在《人的管理与中国特色》中写道：

还有一个在组织里比较难管理的事情，就是"中国特色""地方习惯"。这是我们剪裁西方理论最难的地方。为什么很多学说到了中国就要改，实际上是在行为习惯上做了妥协。

在注重关系、人情、面子的过程中，经常会有人把人际关系变成一种关系，通过人情、面子去运作权力，来谋求不正当的利益，用权力去寻求利润。这个现象在西方经济学被称为"权力寻租"，通俗地讲，就是把人际关系变成行贿、腐蚀、拉拢的关系，以此获取权力对自己的特别关照，然后使自己的企业获得更多的利益。这种关系在第一次交易时往往会得到利润回报，但如果从多次博弈和长期来看，先不管道德和舆论以及未来法律的风险，单从财务上看，这种行贿一般成本大于收入，得不偿失。

在我国的大多数企业中，无论是国营还是民营，要想断绝各种各样的人际关系，几乎比想办法占领市场还难。但格力做到了，原因就是他们的领导者董明珠希望格力不是一个靠人际关系构建起来的企业。而且为了净化格力，董明珠的努力从她还是格力的中层管理干部时就开始了。

在董明珠成为格力的实权派之前，格力同很多中国企业一样，是一个人际关系网相当复杂的企业。不过，刚刚当上经营部长的董明珠就给了这张腐朽、堕落的大网狠狠的一刀，划开了一个大口子。

董明珠刚刚当上经营部长不久，就发现经营部很多人都是通过老总的关系进来的，即使是分管的领导都不敢去碰这些人。可董明珠不管这些，她不光想整顿这些人，还要专门找一个硬钉子碰，找个有关系的人开刀以立威。此时正好有一个人撞在了她的枪口上。董明珠知道这个人的权力很大，所以盯了他很长时间，终于被她发现了问题。这个人签字发出的几百万的货根本对不上账。董明珠抓到了证据，狠狠地处罚了他，并通报了全公司，还降了他的工资。

看到局面有些尴尬，格力分管人事的领导出面对董明珠进行劝告，说人事工作要慢慢来，不能急，急就会出问题。要与人搞好关系，弄不好她这个部长会当不下去。董明珠知道人事领导的意思，但她明确表示，如果为了搞好人际关系放弃原则，弄得公司不能发展，这种做法她不能认同。她说："我从上班第一天起就为明天下岗做好了准备，我来这不是为了赚钱，而是做事业，所以我要坚决履行自己的职责。"

董明珠为什么要坚持己见？她考虑的是，只要将这个人征服了，其他人就会明白人际关系在格力不是什么护身符。只要有人犯了错，无论是谁，都必须接受惩罚。董明珠的决定引起了连锁反应。第二天，老总朱江洪就把董明珠叫过去询问情况，董明珠把情况进行了说明，并表示说扣一级工资已经算轻了，照她的想法，开除都不为过。

　　为人宽厚的朱江洪被董明珠弄得有些无奈,但碍于她说得很有道理,只好暗示董明珠顶多罚款加警告就行了,没必要做到降级通报的地步。但董明珠坚持自己的观点,反问朱江洪:"我为了搞好关系,而导致企业不能良好发展,以至于企业损失几百万,你认为我是搞好关系好呢,还是坚持原则好呢?这不是个人感情的问题,站在个人的角度,我完全可以做好人放过这件事;但是从企业的角度出发,必须严肃处理。当时经营部已经有了要送礼才能拿到货的风气,这样下去对公司贻害无穷。"朱江洪听了董明珠的一番话,无言以对,只能按董明珠的想法去办。

　　最后,董明珠通过这招"杀鸡儆猴",达成了自己的目的。之后,所有的员工都知道董明珠做事不是说着玩的,经营部的工作风气很快焕然一新。

　　一个企业如果过多地讲究人际关系,最恶劣的结果就是导致公司的制度不能得到良好的执行。企业管理者必须意识到,任何一种制度都有它的优势,都比"人治"对企业的发展更有利。所以说,当一些企业出现管理上的问题时,不要总是抱怨制度不合理,而应该反思一下,是制度的问题还是人的问题。

　　以联想为例,为了保证联想内部管理机制的公平性和透明性,避免企业内部充斥着复杂的人际关系,联想的领导班子成员从不凭借个人关系,走后门让自己的亲戚朋友进入联想,也绝不会因为某位应聘人员的亲属是国家重要部门的高官而降低招聘标准。如此一来,联想内部就少了很多不利于企业发展的裙带关系,管理者管理起来更加得心应手,员工的工作热情也得到了提高。

　　做企业的,如果不能改变外部环境,就应该去净化企业内部环境。如果一个企业全凭人情办事,制度虚设,不仅会搞坏企业风气,还会伤害到大多数诚实的劳动者,致使工作效率低下,企业凝聚力下降，发展受阻。

那管理企业时就一定不能讲人情吗？当然也不是。企业管理的原则要讲人情，但讲人情的重点是上级关心下属，对所有下属一视同仁，让所有员工感受到企业的温暖与关怀，而不是靠人情去达到一些人的某些利益诉求。

企业是一个赢利的经济组织，不应该也不可能长期允许一些不务实、不诚实的人侵占他人劳动成果或是企业利益。靠拉关系甚至请客送礼来获取个人利益，长此以往，不利于企业的发展。

6.管理好自己，下属自然跟着走

提到管理，很多人想到的都是如何管理手下的员工，怎么样让他们更好地投入工作，更有效率，却很少有人想到，其实管理并不是管别人，而是先管好自己。在这方面，冯仑的认识是很深刻的。

冯仑一直强调，管理第一就是要管理好自己，伟大的人就是能管好自己的人。他不仅是这么说的，也是这么做的。

万通创建于改革开放初期，当时很多制度还不健全，有很多漏洞可钻，有些人为了获得更多的利益，采取了一些见不得人的手段。万通则不同，虽然当时有很多"打擦边球"的捷径可走，但万通一直坚守着自己的本心，始终坚持在阳光下稳健发展的原则。

放着"轻松赚钱"的路不走而选择缓慢前行，不仅要有强大的自制力，还要有道德品格做支撑。在利益面前，人很容易迷失自己，那些能够抵住利益诱惑的人，都是管理自己的能手。

一个企业家,管不好手下的员工,结果也只不过是比别人效率低一点;可如果管理不好自己,带领公司走上了错误的路,等着他的就会是灾难性的毁灭。

管理从来都不是简单的事,想要做好,就必须抓住其本质。管理是为企业的发展服务的,而企业的发展,高层比中层和普通员工起到的作用更大。所以,管理应该从高层自身入手。一个企业中,只有决策者做到了自律,企业才会有更大的生存和发展空间。如果管理者做不到这点,那么即使普通员工再规范,公司也无法获得良好的发展。

真正的管理,其实不是管别人,而是"管自己"。你只有把自己管好了,你所有的管理行为才能产生效果,才能在下属那里产生影响。

广州有一家广告公司,公司规定早上10点上班,可是老板发现每天都有很多人迟到,按时出勤率不到30%。为了杜绝这种现象,老板采取了各种手段来治理:点名、打卡、签到、指纹机、门禁卡……但都收效甚微。

老板在和一位朋友聊天的时候,说起了这个头疼的问题。朋友问他:"你一般什么时候到?"

"做广告经常加班,我经常早上也去不了公司。"

朋友问:"你为什么觉得你可以不去?"

"我是老板呀,我当初为什么创业?就是想不受人管,自由嘛!"

朋友问:"你觉得员工喜欢被这样管吗?"

"哦,可能也不喜欢吧,但总不能全公司都迟到吧?"

朋友问:"那你打算怎么办?"

"就是到处找找有没有更好的设备或者是不是要罚款更重一些?"

朋友问:"你觉得重罚效果会好吗?"

"其实也不行,罚太重员工会流失,我又不敢真罚。"

朋友想了想说:"假如你每天早上都按时到,会不会好一点儿?"

"可能吧?"老板有点迟疑。

最后,朋友建议:"你能不能试一次,连续两个月,每天坚持按时上班。"

"可以试一试。"

结果,这位老板坚持了不到十天,每天的按时出勤率就达到了96%,而且没有用任何的政策和工具。

但凡成功的管理者,都是员工学习的榜样,都是以身作则的典范。

有一天,美国IBM公司老板汤姆斯·沃森带着客人去参观厂房。当一行人走到厂房门口时,被警卫拦住了:"对不起先生,您不能进去,我们IBM的厂区识别牌是浅蓝色的,行政大楼工作人员的识别牌是粉红色的,你们佩戴的识别牌是不能进入厂区的。"看到警卫人员如此不识趣,董事长助理彼特对警卫口气不佳地说道:"这是公司的大老板,在陪重要的客人参观。"而警卫人员回答:"这是公司的规定,必须按规定办事!"

很多人都在等待汤姆斯·沃森的反映,心想这个小警卫的工作可能要丢了。可汤姆斯·沃森却笑着说:"他说得对,快把识别牌换一下。"从那以后,厂区的识别牌制度很好地保持了下来,没有一个人去找麻烦,因为他们知道,连公司的最高领导都要遵守这项制度,更何况自己呢?

日本前经联会会长土光敏夫是东芝电器的前任社长,也是一位地位崇高、受人尊敬的企业家。1965年他出任东芝社长的时候,东芝因为管理不善,员工松散,公司绩效不断下降。土光接管之后,提出了"一般员工要比以前多用三倍的脑,管事的要多用十倍,我本人则用过之无不及"的口号来重建东芝。他经常对下面的各层管理人员说"以身作则最具说服力"。

一天,东芝的一位董事想参观一艘名叫"出光丸"的巨型油轮。由于土光已经看过多次,所以事先说好由他带路。当天是假日,他们约好在樱木町车站会合。土光准时到达,而那位董事乘公司的车随后赶到。看到土光已经在约定地点等候,董事说:"社长先生,抱歉让您久等了。我看我们就搭您的车前往参观吧!"董事以为土光也是乘公司的专车来的,可土光面无表情地说:"我并没乘公司的轿车,我们去搭电车吧!"听到这,董事当场愣住了,羞愧得无地自容。

为了杜绝东芝的浪费现状,土光敏夫以身作则地为所有员工上了一课。此后,这件事传遍了整个公司。所有员工立刻心生警惕,不敢再随意浪费公司的财物。在土光以身作则的管理下,东芝的情况逐渐好转。

企业的管理者既是制度的制定者和推行者,也是制度的执行者和培训者。这就要求他们在要求下属的同时,更应该严格地要求自己。如果一个企业的管理者自己都不遵守规则,如何要求企业的其他成员也遵守呢?我们的企业不缺乏规则,缺乏的是企业管理者以身作则的管理理念和意识。只要管理者永远站在队伍的最前方,给员工以榜样、力量、方向、方法上的引导,整个企业就能大踏步地向前发展。

第九章

认识管理的本质，凝聚团队的力量

1.给人钱，不如给人梦想

　　说到管理，几乎每个管理者都有自己的看法。有人觉得，想要做好管理就要有威严，要让员工敬畏自己；有的人觉得，想要做好管理，就要懂得使用利益，让员工觉得跟着自己有钱赚；有的人则认为，要想管好人，首先要会选人，找些忠诚者跟着自己，管理自然就好了。可是在冯仑看来，一个真正成功的管理者，靠的不是外在的东西，而是内在的，要能够给手下的人提供一种价值观和归属感。在他看来，如果一个管理者能做到这点，他就是成功的管理者。

　　在谈到这个观点的时候，冯仑提到了宗教。他认为，这个世界上最忠诚的情感就是教徒对宗教领袖的情感，那是一种掺杂着崇拜和人生归属的情感，最容易引起狂热，也最能激发人的斗志。

　　宗教是一种虚幻的存在，它能够让人信服，靠的就是传递一种价值观,它为人们提供的是一种灵魂上的归属。一个成功的企业也应该这样,要向员工传递一种价值观,让员工有一种强烈的归属感。

冯仑在构建万通的企业文化的时候,也考虑到了这一点。

在万通,强调的不是产品,而是价值。在别人都循着卖产品的思路经营的时候,冯仑已经喊出了贩卖价值观的口号。而一个企业想要向客户贩卖价值观,首先自己要有价值观。万通的价值观来自冯仑,也就是说,冯仑改变了人们的房居理念。

具体来说就是,冯仑给客户的不仅是一个居住的地方,更是一种生活方式。一般的地产公司努力做的是在合适的地段给客户一个家,但万通做的是给客户一个舒适的居住环境。万通的新式住宅小区里有良好的绿化,有安静的环境,更有方便的居室设计。万通的出发点不是为自己节省成本,也不是为用户创造最大的空间,而是让用户感觉舒服,感觉安心。这就是一种理念和价值观。

在这样的公司工作,员工不仅能赚到钱,更能有一种成就感,因为他们引领着居民的居住理念。这就是一种价值观的归属,这样的公司也必然是一个能够让员工产生强烈归属感的公司。构建起这种文化,让员工有了这种情感依附之后,自然就不用管理者再去费力想怎么管理公司了。

给人钱,不如给人发展空间;给人发展空间,不如给人梦想。冯仑采用的就是给人梦想的管理方式,这也是绝大多数管理者应该努力的方向。当然,给员工梦想是好的,但也不是说只有梦想就足够了。在给员工种植梦想的同时,也要给他足够的发展空间、足够的薪水。这几个方面并重,才能让管理者做到轻松管理。

管理者是团队的领头人,也应该是团队的梦想设计师。一个成功的管理者,必然是自己有梦,也能给别人梦想。

许多成功者的第一个创业项目与后来真正做大的主业并不一致，在这一点上，马云也不例外。1991年，马云成立海博翻译社，结果并不顺利，他第一个月仅仅收入了700元，不要说人员工资，连房租都不够。不过马云并没有放弃，而是独自离开，去了义乌，在那边摆地摊，卖鲜花、手电筒等小商品。两年后，他不仅养活了翻译社，还组织成立了杭州第一个英语角。

1995年，马云获得了一次出国机会，第一次接触到互联网。回国后，他凑了2万元启动资金创建海博网络，开始运作中国黄页项目。

1997年年底，中国黄页创造了年营业额700万的奇迹。然而，与杭州电信合资的失败宣告了马云的第二次创业梦想破灭，他不得不只身离开。

不过马云并没有放弃，不久之后，他又重新组建团队，建立了阿里巴巴。

马云的这一系列经历可谓异常坎坷，不过，他最终扛了过来，靠的就是心中的理想。更为重要的是，马云不仅自己有理想，更善于贩卖理想。很多人总结马云的成功经验，最后都归结为一点，马云之所以成功，是因为他是一个出色的理想贩卖者。

在翻译社遇到困难的时候，他给合作者讲理想，让对方坚持，一群人不计得失地跟着他，直到赢利。在中国黄页初创的时候，他也在不停地向人贩卖理想。当时，他们的规模仅仅是几个技术人员和几台计算机，不过，他坚持认为自己在做的事值好几个亿。成立阿里巴巴之后，马云依然在贩卖理想。当遭遇互联网寒冬的时候，他告诉自己的员工要挺住，春天总会到来。这时候，他给别人的一样是一个理想。

可以说，马云一路走来，卖出去最多的东西便是理想。这就是马云成功的秘密。

钱有花光的时候，承诺有无法兑现的时候，但理想不存在这些问题。不过，理想也不是所有时候都有效，有些管理者也在贩卖理想，结果却失败了。不是他们手段有问题，而是他们的理想有问题。马云贩卖的是他自己坚定相信着的理想，也是他一直努力着的目标；而那些失败者，贩卖的不过是连自己都不相信的空想，他们并未朝着那个目标努力过。这就是差别，不仅要让别人信，自己也要信，更重要的是，努力朝着自己相信的那个目标努力。

高明的管理方式是给员工一个价值观、一个理想，让他们产生归属感，从而忠于团队。但一定要注意到，在这个过程中，管理者必须是其中的一员。要明白，给员工的价值观或理想一定要是自己相信的也一直在努力的目标，而不是仅仅为了想要得到员工认同而虚构的一个理念。

冯仑给员工的理想是卖给客户价值，这也是他自己的终生目标；马云给员工的理想是创造一个伟大的企业，改变人们的生活方式，这是他始终努力的方向。这就是他们能够成功的原因。不是忽悠别人跟自己走，而是将自己的梦想分给员工，让员工与自己一同努力，这才是企业能做大做强的根本。

2.懂得知足，不盲目求大

贪婪求大是很多人都会犯的错误。面对利益，人们总是很难拒绝，但天上不会掉馅饼，靠赌的心态或许能够赚到钱，却并不能持久。一个企业最重要的是稳健，一步步往前走总有攀上高峰的时候；

如果一味求快，追逐暴利，虽然现在赚了，但只要有一次失败，就会让自己陷入困境。

万通公司是由几个理想青年创建的，当时由于几个人都很年轻，没有多少个人积蓄，因此创业最开始的时候，启动资金有很大一部分都是借来的。在这之后，万通也始终没有摆脱这点。他们在不断发展的过程中，借贷了很多资金，这些资金让万通有了流通的资本，可以进入更多的行业，但其产生的利息也是不容小觑的。为了能够及时还上借贷以及借贷产生的利息，有一段时间，万通开始追逐暴利。

不过，冯仑几人很快就意识到这样下去不是办法，很可能会因为追逐暴利和冒险精神让企业陷入危机。于是，他们开了一次很重要的反省会，发现了之前很多错误的地方。

发现错误是好的，但是如果没有整改的决心，一样无法让企业回归正路。而对于当时的万通，整改的最好方式就是压缩规模。不管是一个人还是一个企业，由小壮大都是大家喜欢看到的，而由大到小则是很多人所不能接受的。一个人可以很轻松地接受成功，却很难坦然地面对失败。企业也一样，逐年扩大规模让人欣喜，但要收缩则让人难以接受。不过，冯仑等人的过人之处就在于此。他们不仅能够面对成功，还可以坦然接受失败。在公司不断扩大的时候，他们欣喜，但面临规模收缩，他们也并不灰心丧气。

正是因为有这份气度，不去刻意追求大和暴利，才让万通停止了不良的发展，最终走回正路。

在房地产行业，龙头大哥是万科。万科是一个相对稳健的公司，自从建立以来很少走错路。之所以能够如此，就是因为他们的董事长，即王石，懂得控制风险，从来不去追逐暴利。

万科在投资方面可以选择的方向很多，在一次采访中，王石曾经说，他们在很多方面都可以赚钱，像曾经做过的零售、机电等行业，他们都有不俗的表现，但最终他们还是选择了房地产。原因有两点：一是房地产行业还没有形成某一两家大公司垄断的情形，因此进入后有更多的发展空间；二是房地产行业空间比较大，能够给人更大的作为空间。

不过，在外人看来，万科所以这样做，跟王石的个人风格有关。王石是一个企业家，却并不追逐暴利，甚至有时候将利益看得很淡。他最在意的，或者说他的个人风格，更趋向于稳健。王石知道，摊子铺得更大，业务面更广，可以让自己的公司赚更多的钱，但同时也要面临更多的风险。至少在管理上，就有一个很大的问题。如果单单做房地产行业，就只需要网罗这一领域的人才就可以了；但如果跨行业，就需要了解各个领域的状况，招揽各个领域的人才，这些领域中，总有很赚钱但自己并不了解或不擅长的，那就容易出现问题，让公司陷入危机。对王石来说，公司的长期发展比短期赢利更重要。面对暴利的诱惑，他总是能够做出正确的选择。

不仅在投资方面如此，在具体的公司项目运作上，王石也不追逐暴利。

20世纪90年代初期，房地产行业风头正劲，属于暴利行业，各家公司都追逐暴利，然而就是在这样的大环境下，王石竟然给自己定了一条规则，那就是盈利超过25%的项目，不做。

很多人无法理解王石的观点，认为他的做法不符合企业家追逐最大利益的特性。不过王石有自己的看法，他觉得利益会让人冲昏头脑，如果一味追逐暴利，总有一天会出现赌博的心态，那是经营企业的大敌。

事实证明，王石的做法确实有效。自20世纪90年代以来，很多当年叱咤风云的房地产公司都倒闭了，但王石的万科还在，而且做到了行业龙头的地位。

　　不管是做人还是做企业，最重要的是知足，是头脑清醒。懂得知足，就能更好地控制风险；企业管理者头脑清醒，就不会出现赌徒心态，从而让企业陷入疯狂。

3.决策越少,质量越高

　　冯仑认为，管理企业的第一要诀是"减少决策,拒绝诱惑"。然而，有些企业往往每年、每个月，甚至每个星期、每天都有新的决策出台。冯仑认为，这样频繁地出台决策对企业并没有什么好处，甚至还可能害死企业。正如他在接受《商务周刊》采访时说的："决策的数量越少，决策的质量就会越高。""如果总想着占便宜，心里就会乱想，乱想就会乱动，乱动就会动乱，动乱就会不治，不治就会死。"

　　冯仑之所以主张"减少决策"，还要得益于他的合作伙伴——香港置地。香港置地的母公司是英国有着百年历史的大型家族企业——怡和集团。在商业经验、管理制度和组织架构等很多方面，它都是万通学习的对象。冯仑曾前往英国参观过这家百年企业，并向它的掌门人请教过管理经验，而得到的回答正是"减少决策"4个字。怡和集团的掌门人认为，提出新的决策就意味着要进入新的领域，而进入新的领域就意味着要冒新的风险，承担更大的失败可能，因此，减少决策不仅是管理企业的要诀，更是发展企业的要诀。

从怡和集团回来后,冯仑就开始着手减少万通的决策。他认为,所谓减少决策,就是要求决策者在决策之前把情况完全想透,然后再简单复制即可。因此,虽然这几年万通在表面上看似平静,但实际上从来没有停止过思考。它把很多时间投入到了从战略高度重新设计商业模式,用战略导向代替机会导向等工作中。这样做使得万通减少了很多不必要的决策,降低了企业的风险,为万通的长远发展提供了重要保障。

冯仑在决策方面追求的一个境界是:做一个要消灭其他决策的决策,也就是做最好的决策。因为他认为,越是好的决策越省心,这个组织越简单,赢利越好,事情越少。

在《做一个超乎寻常的董事会》一文中,冯仑写道:"布隆伯格(曾任纽约市长)是彭博资讯发展史上一个很成功的CEO,我在不经意间看到他讲的一句话:第一,做出超乎寻常的正确的决策;第二,准备承担责任。我觉得这句话很好地反映了企业家的责任,也特别准确地反映了董事会的职责。"

股份制企业的董事会是股东推举出来代表行使股东权益的代表,股东们推举出董事会是希望董事会能够做出一个比别人更好的决策,而这个更好的决策不仅要超过所有股东个体的水平,也应该是超出同行业的更具有前瞻性的好决策。同时,权力和责任是绑定的,董事会在行使权力的同时也要承担责任。一个好的董事长是董事会的代表,如果一个好的董事长不能做出更好的优秀的决策,同时不能承担由此带来的责任,那他就不具备成为董事会成员的一个基本条件。这是冯仑坚持的观点。

冯仑始终把董事长的责任放在心上。为了筹备2007年下半年的一次董事会,他事先不断地召开战略务虚会。所谓"战略务虚会",就是不拘范围，不决定事项，没有主题，就公司的宏观问题，结合外部环境的变化，将未来有可能选择的几个方向告诉给董事会成员，然后听取每个人的意见。他这样做的目的就是为了能够做出更正确的决策。

有着20年从商经验的冯仑把公司的决策看得非常重要，比如万通选择美国模式必然会使万通的财务弹性增大，土地储备减少。这一决策带给万通的优势很快就显现了出来。冯仑认为，创业者个人的权力一定要受规则的制约。万科在企业内部建立了反对机制，这使他们的决策更加科学合理，对企业的发展更加有利。冯仑认为，万通也应该有合理的反对机制，如果没有制约机制，企业内部就会有更大的危险。在制约机制下，冯仑提出的任何建议都要先经反对机制探讨，然后再正常决策。这种做法可以减少未来的执行成本和纠错成本。对此，冯仑说："要把决策的责任看得像天一样大。不管企业多大、多安稳，一项决策的可能破坏力都是巨大的。我们的选择是支付足够多的决策成本，以减少未来的执行成本和纠错成本。"

冯仑之所以这么说，是因为他认为中国人好像从来都吝啬决策成本，而愿意支付大量的纠错成本，拨乱反正，治理整顿。决策不花成本，而是一个领导者的一个主意或想法，但如果没有制度制约，决策就可能偏离轨道，遗留下大量问题，而解决这些问题的代价又往往是巨大的。

4.管理无秘密,重在抓本质

对一个企业来说,管理绝对是重中之重。有些人有很多管理经验,在很多方面也做得很好,但又一直觉得有些问题没有搞清楚,重要的是,这些问题不容易发现。可以说,很多管理者是既懂管理又不懂管理的。之所以会这样,是因为没有弄懂管理的本质。其实,管理说难也难,说简单也简单。管理是没有秘密的,关键是要抓住本质,也就是冯仑所说的要看透、看穿。

关于管理,冯仑曾做过一个非常精妙的比喻,从这个比喻中可以看出冯仑对管理的思考,也能给管理者很多参考和启示。

在冯仑看来,一个好的企业就应该像一座庙一样。庙里常常会来遇到麻烦的香客,他们跪在佛像面前磕头、祈祷,并烧香、求签,也有布施。对于这座庙来说,这些香客就相当于客户。他们完成了一个祈祷过程之后,就会带着希望回家,他们来的时候内心充满了凄苦,但走的时候大都满怀希望。

庙里还有很多小和尚,他们负责敲木鱼、点灯烛,早上将布施的箱子准备好,晚上再将之收回来。小和尚的作用就是为香客们服务,给香客们营造一个肃穆的环境,让他们相信这里可以给自己希望。所以,这些小和尚就相当于一个个产品经理,他们是大和尚与香客间的纽带,负责传达信息。

庙里的大和尚,也就是主持、方丈,就相当于企业家,他不出面,但他的理念和给香客的祝福能通过小和尚很好地传达出去。而且,大和尚们还经常去建造新的庙宇,扩大寺庙的规模。其实,大和尚所做的就是传递价值。他给香客的表面上是一包香灰，但实际上是一个希望。那香灰是不值钱的，可其中蕴含的希望或价值很值钱。正因为此，香客们才愿意花费一定的金额来庙里讨香灰。当然，这个具体的操作过程是由小和尚去完成的。

香客回去后，愿望有可能实现，也有可能没实现。不过，他从不会怀疑，他的内心还是很虔诚的。当下次有事情的时候，他还会再来，继续祈祷、叩拜、布施，然后拿走香灰，带回希望。这就是客户的忠诚度。

在冯仑看来，这么类比下来，一切就简单了，但又一样深刻。所谓企业，就是让客户带走一小部分的使用价值和绝大部分的希望。经理人的职责，就是为客户提供所需。

所以，管理，不管怎么变化，其本质是不变的。只要能做到给客户少部分的使用价值和绝大部分的希望，这样的企业就是好企业，朝着这个目标去努力的企业家就是好的管理者。选对了方向之后，路怎么走也就简单了。这就是管理，没有任何秘密，抓住本质之后，一切都一目了然。

真正的管理之道，不在于具体的做法，那些都是细枝末节。某一个主意再巧妙，某一个制度再精巧，也难以支撑一个企业，更难以成就一个企业家或管理者。真正懂得管理的人，一定是发现了正确的方向，找到了管理的真谛。如果没有把握住大方向，即使有再多奇妙的点子，也是不行的。因为一根柱子再坚挺，也不足以承载大厦的重量，真正支撑起大厦的是坚实的地基。想做好管理，应该将工夫花在管理之外的地方。

雷军是小米科技的创始人，近几年，他带着自己的团队为客户制造了一个又一个惊喜，靠的就是先进的管理模式。

雷军是一个非常聪明的人，也是一个有着丰富管理经验的人。在公司成立之初，他花费了绝大部分时间去寻找人才，他知道，只有手底下的人才足够，才能够创造出大的业绩。

有了足够的人才之后，就是制度的建设和日常管理了。雷军强调管理扁平化，也就是给员工足够的自由度，让他们有自由发挥的空间，而自己尽可能少干涉。这样，员工的创造力就被充分激发出来了。

在利益分享上，雷军也采取了一系列措施。他建立了一个透明的利益分享机制，将所有的东西透明化、公开化。这样，公司内就少了猜疑，使彼此之间更加坦诚。

此外，雷军还强调责任感。小米自创建以来，从来没有设立过打卡制度，也没有KPI（关键绩效指标）考核制度，他们强调的是责任感。在小米公司，每一个员工都要把别人的事当成第一重要的事。雷军举过一个例子，一个工程师将代码写完了，就要让另一个工程师来检查一下，这时候，那个工程师不管多忙，都要停下来先做这件事，等检查完了再去做自己的事情。雷军之所以要建立这样一个企业文化，为的就是培养员工的责任意识，一种高度为别人负责的责任意识。他觉得，只有员工有了这样的责任意识，才能将客户的需求放在第一位，才能够在意客户喜欢的价值。

雷军的这一做法确实有效，小米公司的产品的确备受用户喜爱。

小米不仅重视用户对产品的使用体验，还致力于跟用户交朋友。在跟客户交友方面，小米做了很多尝试和努力。比如，在客户投诉或者抱怨的时候，客服人员有权决定是否送客户一些小礼物以平息对方的情绪，微博上关于客户的意见必须第一时间回应等。

雷军的这种做法，触及了管理的本质。他们是在向客户传递价值，在给客户营造情感的归属。而小米手机的用户群体黏度也确实很高，他们不仅自己用，也推荐身边的人用，这一用户黏度就是小米坚持向用户传递价值的直接结果。

每一个企业的成功都是有迹可循的。如果将成功公司的做法全部汇集起来,就会发现当中有很多共同点,其中一个就是向客户传递价值,给客户一种希望和愉悦的体验。这就是管理的本质。知道了这点,管理也就不再有秘密可言了。想要做好管理,不在于花费了多少精力,而在于站在哪个角度思考问题。只要站在全局的角度,从管理的本质入手,管理就是一件很轻松的事情。

5.如何开好董事会

对于上市公司而言,董事会的作用至关重要。公司治理专项活动要见成效,治理水平要真正迈上新台阶,关键在于开好董事会。那么,如何才能开好董事会呢?冯仑认为,最重要的一条是不预设立场。

有一次,万通在天津召开董事会,这次会议开了10个小时,是万通历史上耗时最长、强度最大的董事会。这次董事会有一个鲜明的特色,就是不预设立场。对此,冯仑在《万通》2009年5月的一篇文章《一场马拉松式董事会》中写道:"这次董事会主要的股东、我本人以及泰达方面私下都没有沟通,完全按照自然的状态召开。会议中涉及一些大项目的计划,甚至包括公司改名等大的议案,每个参会人和旁听的监证会人员事先都不知道结果会怎样,只能表达自己的观点,大家进行完全开放式的讨论。我就是希望大家完全按照自己的想法,独立地思考和表达自己的意见。结果,不预设立场开董事会带来了N个'第一次'。这是我事先没有想到的。"

正是因为这样,出现了很多"第一次":第一次出现了表决议案时大股东持两种意见的情况;第一次出现了没有通过表决的议案;第一次暴露出万通在董事会工作当中的缺陷以及管理层在面对董事会时的经验不足;另外,有一位独立董事第一次表示了反对意见,没有投赞成票,而在以往,董事长一般会与独立董事事先沟通,因此,他们通常不会提出反对意见。

开一个不预设立场的董事会,可以让董事们真正用脑袋思考问题,按照自己的立场决定问题,对董事会做出科学、正确的决策,将董事会开好都有很大帮助。开不预设立场的董事会,对董事会和董事长都是一个非常好的实践和挑战。

此外,开好董事会还要注意事先的沟通和程序的合法。冯仑认为,这样做是保证董事会能按法定程序开展工作,迅速做出判断,提高效率。要开好董事会,不是简单地举手表决就能完事的,而是要认真讨论,让每个董事都表达出自己真实的意见,然后按程序行使权利。对一些反对意见应该给予更多尊重,由相关人员提出新的改进措施,使公司董事会的反对意见成为公司积极发展的声音,由此和管理层进行互动,推动企业始终沿着正确的轨道发展。

在2007年12月召开的一次董事会上,一些投资的方式和项目引起了大家的分歧。这是那几年冯仑在主持董事会工作中遇到分歧最多的一次,对他来说无疑是一个很大的挑战。为什么会出现分歧呢?主要原因是事先沟通不够充分。比如,原计划有一些项目需要通过,但事先沟通不够充分,也没有事先列入议题,只是计划在会上通报一下，可介绍情况时，提案人却希望能够通过正式决议。大家本来就没有充分了解项目的详细情况，临时了解又不能充分消化，还要马上表态，这就会让人觉得难以接受，从而产生分歧。

按照正式规范的做法，所有董事会议题应该提前通知给董事会成员，提前5~7天把资料发给他们。出现临时提案是任何董事会都无法避免的，所以，这种临时提案往往分歧较多。另外，如果对于某些临时议题无法达成一致，可是又希望这些议题在下次会议时能够成为重点，这时就需要主要的董事特别是独立董事能继续追踪，进行研究，提出改进方案。

严格按程序推动董事会的工作也是开好董事会的重要方面。

一次，冯仑接到董事会电话通知，让他去开董事会，而他当时正在外地，无法参加会议，便决定授权给别人替他参加，但后来会议更改了时间，正式发通知时，竟然没有通知冯仑就开会了。这是万通一个临时董事会在程序上出现的一点疏漏，虽然事情不大，没有引起什么不必要的麻烦，但冯仑觉得有必要引起董事会的注意。

冯仑认为，虽然议题不是很大，但应该严格按照程序来办，决议程序才不会有问题。这件事让他认识到，必须严格按照程序来推动董事会的工作。他说："保证程序是董事长最重要的工作之一，必须确保一切都按照《公司法》、按法律规定、按公司章程，甚至按公司内部约定来执行，而且一定要非常清楚、非常严格，绝不能出现程序错误，凡事要有证据，文件一定要送达，包括会议记录保存等细节都要特别注意，以便事后在一些问题上有对证。总体来说，目前万通的董事会越来越符合一个高标准的治理结构的要求，我也坚持更加严格地按照程序来推动董事会的各项工作，做一名优秀的'交警队长'。"

万通存在两个董事会：一个是没有上市的万通实业的董事会，

另一个是已经上市的万通地产的董事会。在开过几次董事会后，冯仑感觉到这两个董事会开会的风格和压力不太一样，在上市公司，内在的约束和压力非常大。所以，冯仑才会说出上面那一段话。

万通实业与万通地产之间不存在竞争关系，因为房地产开发资质已经完全转让给了万通地产。2007年，万通实业召开了董事会，此次董事会把万通实业的非上市部分转变为一家投资控股公司，不再从事任何开发业务。

这次董事会成功地解决了三个问题：第一个是万通实业的定位和战略问题；第二个是股东的配置和小股东的权益保护问题；第三个就是未来作为一家非上市公众公司的治理和前景规划问题。最后把万通实业的业务确定为三项，第一项是和泰达集团一起组建一个土地开发基金，来推动土地开发的一级开发业务，但不做房子，而是做土地一级开发，业务重点放在天津滨海新区。第二项是积极投资一些物业经营的项目，比如"万通驿馆"这个项目，类似于"如家"。这个项目经营的是自助式公寓，它的经营模式是租赁或购买别人的物业，然后加以品牌化、标准化，改造后进行出租服务。这些属于与房地产相关的经营性质业务，是非开发类的业务。第三项是万通实业作为万通地产最大的股东，将积极关注股权性投资，比如选择一些好的地产公司去投资等。

国内很多企业上市的方式是把集团原有的部分资产打包，另外成立一家股份公司，然后根据证券部门的要求，从上市公司重组的第一天起，就将上市公司与非上市公司的业务严格地分隔开，而且要保证相互之间没有竞争性，在最大限度保护上市公司股东利益的同时，使非上市公司的业务能够有自己的定位和更好的发展。万通实业的转型正是冯仑严格按照有关部门的规定所做的合理选择。

6.人尽其才，人尽其用

　　冯仑的用人之道是："用好的制度选拔人，用正确的价值观引导人，用好的工资福利来保障人，用好的事业来发展人。"每个人身上都有优点，只要你能够把他放在合适的地方，他就会成为人才。

　　在冯仑看来，重视人才是理之必然，但是在用人方面，企业的领导必须谨慎，特别是企业的高端人才，最忌讳的就是用一个错一个。在对一个人委以重任之前，要给他时间和机会去磨炼和适应。

　　冯仑认为，用人最忌讳"滑楼梯"，部门经理走了用副经理，副经理走了用员工。上帝心大，闹个地震也不当回事；农村妇女心小，打了鸡蛋也要呼天抢地一番。所以说，心小了事就大，心大了事就小。一个员工，原来心很小，你忽然提拔他当经理，他的压力陡然增大，很可能会不适应。如果提前给他很多机会，让他把视野放宽，那他就可能胜任高层的工作。无知是恐惧的开始，经验足够就可以淡定了。

　　一家企业能否取得好的业绩，并不在于有无资金或项目优劣，而在于能不能吸引人才，为优秀的人才创造一个能施展抱负和才华的良好环境，同时使他们获得相应的回报。要让这些人愿意来，来了之后干得痛快，并在心里认同这份工作。做不到这几点，企业就很难吸引人才团结奋斗；相反，具备了这种条件，企业就能轻而易举地获得竞争优势和比较优势。

　　企业管理者常常责备别人不是人才，其实正是这些"渴望人才"的人在埋没人才。这种现象促使一些人提出了"留不住人才，永远是企业的责任"的命题，其良苦用心就是要强调外因的作用，从企业自身找原因,尽量给企业干部、员工提供一个良好的发挥才能的环境。

很多企业为了吸引合适的人才,形成了一种人才战略。在房地产领域,万科重视人才是出了名的。在万科核心价值观中有一句话:"人才是万科的资本。"这句话虽然朴实,却切中实际。对优秀人才的需求关系到公司的长远战略、百年基业,只有将企业业务的调整和人才战略的变化结合起来,才能达到最好的效果。万通在这一点上做得很好。

冯仑认为,对人才战略要有预见性,从未来需要的角度出发,选拔有潜力的人才。他说,事业要发展需要企业高瞻远瞩,站在未来的角度看问题。未来是一个大的格局,必须找一个有承载能力的人,对其加以耐心细致的培养,才可以把事情做好。对于企业里的年轻人,如果他有发展的潜力,那就积极创造机会让他先去外面适应更大的舞台,得到更多的锻炼。

对于人才的重视,是所有成功企业的共性。

日本松下电器的创始人松下幸之助经常说:"在我们公司里,人人都是总裁。"这充分反映了他高度重视人才的管理理念。松下幸之助能够不拘一格地提拔人才;如果他觉得一个人值得依赖,那么即使那个人资历很浅、经验缺乏,他也会委以重任。松下幸之助对见习员工十分重视。在松下公司,见习职工都会得到各部门负责人亲切的照顾,不论是在工作方面,还是在生活、学习方面。有一段时间,公司没像以前那样重视人才,松下幸之助发现之后非常不满,他严厉地指出,公司必须调整方向,把重点转移到培养人才方面来。只有重视人才,公司才能够长远地发展。在他的要求下,各部门负责人重新对人才重视起来,他们积极与年轻职工进行谈话,发现了一批又一批人才,公司也形成了相互了解、上下沟通的风气。

　　杀猪的屠夫干不了密密麻麻的针线活;能让宇宙飞船升天的科学家,也干不了杀猪的行当。人都有自己的长处和局限性,让每个人站在自己最擅长的位置上,企业才能形成最大的合力。

　　彭翼捷,出生于1978年,现任阿里巴巴B2B中国事业部副总裁。2000年,彭翼捷从西安交大外语系毕业后,来到阿里巴巴工作。仅仅用了7年时间,她就从一名普通的销售人员做到了副总裁的位置。现在,彭翼捷管理着阿里巴巴的中国网站,以及诚信通高达数十亿元的销售额。2007年4月25日,《互联网周刊》发起的"长三角地区互联网经济发展高峰论坛"在杭州召开。彭翼捷,这个不到30岁的女人此时已经是阿里巴巴集团举足轻重的人物,她代表公司在那次论坛上发表了长三角电子商务产业群合作发展的主题演讲。

　　其实,像彭翼捷这种"坐着火箭上升"的职业生涯成长奇迹在阿里巴巴很常见。而且马云的团队内也有很多不可思议的成长奇迹。

　　在阿里巴巴,员工一旦被"伯乐"(通常是人力资源部门)发现并确定为"猎犬",而且是一只能够深入理解公司文化,并且愿意与公司一同长期发展的"猎犬",往往会得到公司的大力培养和重用。阿里巴巴会给"猎犬"或"准猎犬"们提供各种培训机会,给予他们在不同业务部门轮岗的机会,使他们能够在比较短的时间里接触不同的业务,锻炼各个方面的能力。

　　我们都知道,马云的第一份职业是杭州电子工业学院的英语老师,所以在打造自己公司的管理架构时,他习惯性地先想到了大学的架构:"大学里除了科室主任、系主任、院长这条管理线,还有助教、讲师、教授这条业务线,公司也可以按照这个办法来打造。"

于是,按照马云最初的构想,阿里巴巴公司内部就产生了两条泾渭分明的"升职路线图",也是员工职业生涯规划的路线图。

一条线是管理线,即沿着"官路"走。沿着金字塔的路线向上依次是Head、Manager、Director、VP、SeniorVP、CEO。

另外一条线是"学术线",追求"技术立身"或者"业务立身"。走这条路线的人,阿里巴巴鼓励他们搞学术、研发和创新。

通常,新员工来到阿里巴巴之后,经过第一阶段试用期转正以后就变成了"勇士";然后经过3~6个月,跳过3级,升为"骑士""侠客";侠客以后是"Hero"。当然,要达到Hero的级别很难,Hero里面又分A、B、C三个级别;然后到Master(大师);大师之后才是Chief(领袖),共分5档,每档又分3级,一共15级。这条"学术线"不可谓不漫长、复杂。

应该说,为员工的职业生涯定了这样两条泾渭分明的路线,马云是用心良苦的。他经常说一句话:"什么是优秀的团队,不让任何一个队员掉队就是最优秀的团队。"而这样两条路线无疑给所有阿里人都提供了一个公平竞争的平台。比如,技术人员可能永远不会管人,但"Master"可以成为他前进的方向和努力的目标;而有些人技术水平是"0段",管理水平却可能是相当高的"9段"。

实际上,即使是当初和马云一起干的"十八罗汉",今天也只有少数几个人出现在阿里巴巴"CXO"的名单上。除了有"避嫌"的考虑之外,更重要的是有些人的确不适合在管理岗位上,但他们在向着公司的业务线方向发展,成为了另一种举足轻重的人物。

而且,马云对优秀的技术和业务人员赞赏有加,"不要以为CEO很了不起,也许CEO只是个Hero,但是某个业务骨干已经是Master了。马云也许在阿里巴巴很重要,但是这个Master,他在中国互联网,甚至亚洲、世界互联网界,说话都有分量,比马云说话有分量得多。"的确,比如雅虎搜索引擎的发明人、现任阿里巴巴CTO的吴炳,比如在GE(美国通用电气公司)工作了16年之后加入阿里巴巴的关明生,比如曾任雅虎中国总裁的曾教授(曾鸣),他们在各自的技术、管理、学术领域都比马云优秀得多。

马云说,阿里巴巴永远可以容纳各种古里古怪的人,"有些人能干活不能管人,有些人能管人不能干活"。

这个世界不缺少人才,而是缺少发现。成功的企业家懂得把每个人的优点找出来,使他们出现在最合适的位置上并加以培养。只有把人才放对了地方,才能称其为"人才"。

第十章

履行企业公民的社会责任

1.站在"大我"的立场做公益

冯仑认为,企业在创业之初就肩负着社会责任。他曾列出万通九条基本理念,其中第一条就是"以天下为己任,以企业为本位,创造财富,完善自我"。这条理念说明冯仑办企业既追求个人完善,同时还希望能够造福于社会。无论是在冯仑的思想中,还是在万通的战略里,都时刻不忘要履行企业公民的社会责任。

万通从1994年就开始逐步系统地投入到社会公益活动之中,捐赠建立"希望小学",协助高校培养博士人才,与地球村等NGO合作环保项目,参加阿拉善生态协会,还有每年的"感恩日"和"生活节"活动,组织员工参加慈善事务,在所有产品和服务中全面贯彻国际通行的绿色标准等。

2008年，万通的上市公司"万通地产"以"绿色公司，企业公民"作为公司年度经营管理的主题。冯仑在一次媒体采访时指出，地产商应当承担更多的企业公民的责任，注重环境、社区，包括对投资者还有其他的弱势群体要有所关照；对个人消费者也要有一个责任，要维护社区和谐，也要有一种道德投资。

冯仑希望房地产公司企业在今后能够对社会履行更多的责任，为此，他还特意写了一篇名为《欢呼企业公民的时代》的文章，这是他作为万通领导人的真实想法。他对企业的公民形象非常关注，也更好地履行了企业公民的社会责任。

冯仑认为，房地产企业要站在"大我"的立场做公益事业。有一篇给中国房地产协会的文章中，冯仑写道："由于我们过去没有经验，或者企业小，出于本能，只要对企业不利的东西，我们就说不好；对自己有利、赚钱就说好，这是'小我'的立场。但是，作为一个负责任的开发商，不能只站在'小我'的立场，还要站在'大我'的立场——行业的立场、消费者和中国经济整体发展的立场。"

冯仑认为，"小我"是不负责任的立场，是没有公信力的立场。他从1997年开始就一直在想怎样把企业做得更健康，这是对宏观经济反应最积极的一种办法，是正确的"大我"立场。

冯仑的观点与很多著名企业家不谋而合，比如比尔·盖茨和李嘉诚。

比尔·盖茨在"人生中最重要的"一个演讲中，提出了一个新的概念——"创造性资本主义"，倡议企业界应当承担更多的社会责任，使自己公司的发展和产品更加有益于社会。他还宣称自己名下的"比尔及梅林达·盖茨基金会"将捐巨资用于发展中国家的农户生产。

李嘉诚在获得中央电视台"中国经济年度人物评选"特别荣誉大奖后说道:"士农工商都是国家的基础,作为企业家,不但要在竞争压力之中脱颖而出,更要懂得怎样做人文、公益和慈善的角色。"他还说:"'富贵'两个字,它们不是连在一起的。其实有不少人,'富'而不'贵'。真正的'富贵',是作为社会的一分子,能用你的金钱,让这个社会更好、更进步,让更多的人受到关怀。内心的富贵才是财富。"

冯仑认为,中国发展企业的社会责任虽然只有短短几年,但中国企业的学习和进步的速度非常快,更重要的是,中国企业已经意识到这是它们长期竞争力的组成部分,不能把它跟公司的商业活动截然分开。这样的一个共识对于中国未来的商业进步,包括社会的进步而言,具有非常重要的作用。

2.利与义的完美结合

虽然中国企业的社会责任意识已经有了大幅度的提升,但在其他方面,一些问题的存在仍然制约着我国公益事业的发展。

(1)履行社会公益的法律不完善。

冯仑在《万通》发表的文章《公益新战略》中指出,目前国内建立一个公益机构,相当于二十多年前建立非公经济、民营企业时面临的体制环境,在审批规范、管理制度方面,在人才培养上都是这样。企业即使打算履行企业公民责任,也会不知所措。

　　另外,目前国内公益基金的法律环境、政策不完善,阻塞了企业做公益事业的道路,企业创办公益基金的积极性也受到了很大的抑制,导致整个社会,包括民营企业,对积极推动公民责任和参与社会公益活动的理解很不成熟,造成了一些行为上的偏差、道德上的误解以及不良影响。

　　2008年汶川地震发生后, 王石第一时间以个人的名义捐献了200万元人民币,3天之后,他在博客中写了一篇名为《毕竟,生命是第一位的(答网友56)》的文章。在文章中,他写道:"200万是个适当的数额。中国是个灾害频发的国家,赈灾慈善活动是个常态,企业的捐赠活动应该可持续,而不应成为负担。万科对集团内部慈善的募捐活动中,有条提示:每次募捐,普通员工的捐款以10元为限。其意就是不要因慈善成为负担。"

　　没想到,这些话却遭到了很多人的质疑,那些人觉得王石太冷漠了。王石和万科多年来建立起来的形象因此事受到了很大的损伤。后来,王石迫于舆论的压力,选择了开口道歉以平息事端。他在接受媒体采访时说:"当时万科捐了200万元之后, 一个帖子说别人的都是2000万元、3000万元,说我们捐助得太少了,我就对这个帖子来进行回答。我说200万元是不少的,而且200万元是合适的。之所以这样说,实际上……当时情况是这样的,万科每年股东大会授权的做公益活动的费用是1000万元,我们做低收入住宅2008年度的拨了500万元,冰雪赈灾是100万元,后来又拨了一次200万元,实际上只剩下授权的200万元, 这是当时的一个实际情况。当时观点比较对立,我就来谈了我对这个事情的看法,就是不提倡去攀比,也不提倡高调。但就这个回答来讲,显然浇灭了很多网友的赈灾热情。现在随着时间推移来反省这个事情,觉得在那个时间、那个特殊情况下那样回复一个帖子,是非常不适当的。"

当大家对他有误解的时候，他没有解释，只是道歉，而且到现场去，并说服股东追加捐款。后来，万科宣布公司以1亿元资金参与四川地震灾区的临时安置、灾后恢复与重建工作，这场风波才平息下来。

其实，企业捐多少钱完全是企业的自由，没有法律规定必须捐多少钱才算合理。难道王石做人真的就是网民说得那样吗？作为王石的同行兼好友，冯仑对王石可谓非常了解。在王石遭遇网民非议之后，冯仑在文章中为王石打抱不平："据万科披露，王石这5年的合法税后收入是1900万元，在地震之前，他已经捐出去1200万元……至少我认为他离圣人很近了……算账才发现，(王石这5年收入的)2/3都捐了……我问一个问题，你们还想要中国的企业家怎么做？你认为王石应该每个月只拿1000元钱的工资吗？你不为他感动吗？"

王石一直是一个积极从事公益事业的企业家。理性地讲，万科开始时捐200万没有任何不妥之处，而且王石的解释也并不是没有道理的。通过这件事情可以看出，正是因为我国履行社会公益的法律还不完善，才使得万科这个民营企业在道德上被误解，企业的名声也受到了影响。

(2)专业公益人才非常稀缺。

为了更好地履行企业公民的责任，冯仑打算成立一个专门的万通公益基金会，但在这个过程中，他发现了一个很棘手的问题，那就是没有专业的公益人才。冯仑觉得做公益这件事要做就要做到最好，所以必须找到最好的人才。后来，冯仑终于从跨国公司找来高中先生，让他担任万通公益基金会的副理事长、秘书长职位。高中任期结束之后，万通又请来公益人才领域的"海归"李劲来接任，李劲是美国哈佛大学肯尼迪政府学院的公共政策硕士。

因为认识到我国的公益人才缺口比较大，所以冯仑在《公益新战略》中特别提出，公益人才在未来是非常稀缺的人才，要花时间培训自己的公益人才，同时也要选拔社会上优秀的公益管理组织的人才。

冯仑指出，万通能做的公益项目应该是具体的、可复制的、可量化的项目，因此，他把万通的公益战略定为以推动节能环保的事业为主。他说，天下的公益事业非常多，要做的公益也非常多，做不完，万通也不可能都做。万通现在只做一件事情，那就是一心一意做节能环保。按照这样的公益战略，万通的目标就是实现国际上绿色公司的标准。

当今社会，能源、环境问题日益突出，商业伦理、社会和谐内在需要的演化发展使绿色公司渐已成为追寻国际最优秀公司的方向，于是，很多国际大型企业都走上了"绿色环保"的道路。

2006年5月，通用电气宣布将已经实践了一年的"绿色创想"战略在中国正式推广，这一举动被认为是跨国公司涌进中国绿色产业的征兆。通用不但与国家发改委签署了环保合作谅解备忘录，还和清华大学签订了有关能源与环境研究合作协议；承诺向中国提供环保节能的绿色技术和产品，在未来5年内投入500万美元研发资金，并为2500名中国经理人和政府官员提供管理和领导能力培训。

2007年6月，IBM宣布启动一项名为"绿色创新工程"的业务计划，这项计划年耗资额高达10亿美元，主要是通过新产品和服务，帮助IBM及其客户大幅度降低数据中心能耗，改造全球商业和公共技术基础设施，并使之成为"绿色"数据中心。在同年6月13日举行的北京节能环保展会上，东芝、夏普、爱普生以及兄弟等知名外设厂商均设立了自己的展台，一起展示了IT产品所带来的节能环保体验。

从以上的事例中可以看出，"绿色公司"已经成为目前西方发达国家企业界新的商业伦理,具有一套执行标准和认证体系,这是在综合西方发达国家数十年企业社会责任发展和执行经验以及大型跨国公司多年环境保护战略方针的基础上建立起来的,是顶尖跨国公司多年战略性思考的优秀成果。对中国企业而言,要想在全球化和全球变暖的背景下,在未来能有良好的发展,必须以"绿色公司"的理念来经营企业。

万通积极向这些国际化大企业学习,在《公益新战略》中,冯仑特意强调说:"我们的目标就是要使万通变成绿色公司。"

万通所说的"绿色公司"的定义非常广泛,包括两个层面的含义:一是人与自然的和谐共存;二是人与人之间的和谐共存——企业与社会的和谐共生和企业与大众的和谐共生。

2008年,万通地产为使企业的商业价值与社会价值得到更完美的结合,推出了自己的绿色公司战略,并以此来规范、指导和改造公司行为。

为了达到绿色公司的标准,万通地产在材料选择、能耗以及排放等方面大做文章,尽最大可能减少对地球自然、人文环境的破坏。同时,万通地产在节能型、舒适性和成本相对控制等方面寻求平衡,为客户提供更具价值的产品和服务,做到令客户非常满意的程度。此外,在施工过程、采购过程、营销过程、产品交付后的二次规划过程等几个方面,万通地产也尽可能地按照绿色环保的要求去做。

如果把绿色产品比作绿色公司的"硬件",那么绿色公司行为方式就是绿色公司的"软件"。对绿色公司的行为方式,冯仑解释说:"所谓绿色公司行为方式,是指在绿色公司价值观的指导下,公司对于员工、股东、客户、合作伙伴和社会的态度,以及在此基础上具体制订的制度和采取的行为。"冯仑在打造万通的"软件"方面也颇费苦心,专门成立了公益基金会,负责承担企业的社会责任,并将其制度化。此外,万通还制订了《公益战略规划》,全面、持续、主动地承担社会责任,做好企业公民。

除了绿色产品和绿色行为方式,万通把"绿色公司"提升到了公司的价值观这一高度。冯仑在《绿色公司:万通的美丽新世界》中指出,万通地产的绿色公司价值观,就是把绿色公司所提倡的环保、节约、和谐和理性发展的精神奉为公司圭臬,以此为出发点,对企业经营管理的全部行为进行指导,自我选择,自我约束。同时,也以绿色公司的价值观为坐标,对公司的全部经营行为进行检视、评判和完善,凭借系统制度的建设,保证绿色公司价值观的贯彻和执行。

在充分了解"绿色公司"这一国际企业未来的发展趋势之后,万通地产以制度创新和战略领先的精神,领悟和实践了"绿色公司"的价值观。万通地产从公司的日常管理,从股东、员工、客户、投资人、合作伙伴和社会等各个层面,以"绿色公司"的标准来构建公司制度,规范公司管理,提升公司产品。

万通地产的"绿色公司"价值观,是万通价值观的进一步发展,对万通未来的发展有着深远的影响,是整个万通地产"绿色公司"体系中最重要的部分。在这里,企业的"利"与"义"实现了完美结合,经济效益与社会效益浑然一体,应该说,这是一个企业所能够达到的最高境界。

3.掌握"花钱的艺术"

钱能帮你实现梦想,但也容易让人陷入极度的痛苦之中不能自拔。企业作为一个经济实体,每天都要面对大量的钱;董事长作为企业的首领，每天都必须面对"钱的是非"，而如何处理"钱的是非"也直接关系到企业的发展甚至存亡。所以，如何处理钱的问题，成了企业领导需要关注的一个关键问题。

要想处理好钱的问题，有必要了解一下钱的历史。

关于钱的起源，要追溯到史前社会。当时，人们以狩猎为生，没有财产的概念，更没有钱的概念，后来出现了剩余产品，人们就开始用剩余产品交换自己需要的东西。出于方便考虑，交换媒介出现了，这些媒介包括金、铜、布、兽皮、贝壳等。最后，人们把容易携带、保存和分割的金银定为标准化交换媒介，这些交换媒介就是最初的"钱"。再后来，随着社会的发展，这种交换媒介也发展成了比金银更方便携带的纸币。纸币就是现在一般意义上所说的"钱"。

这段关于钱的产生和发展的历史，冯仑认为"很有意思"：先有私有财产，后有民间的交换，再有类似于钱这样交换媒介的产生，然后再由政府赋予这个钱以法律的形式。最初应该是先有钱，后有政府，但后来变成了只有政府才能印钱，钱又从黄金逐步变成现在的纸币，纸币下一步的衍化很可能是电子货币，最后，大家看到的可能只是一个数字或代码。冯仑预测的没有错，现在已经出现了电子货币，钱正在向着数字或代码的方向逐渐演变。

那么，冯仑为什么要了解钱的产生和演变的过程呢？冯仑认为，这可以帮助他了解财富。他说，现在打交道、做生意，每天遇到的这些钱本质上就是起一个推动交易的作用，在交易过程中被用来衡量财富的多少。

冯仑是一个在赚钱的同时追求自身价值的企业家。他对金钱的分析相当深刻。他认为，正确金钱观的表现之一就是重视钱的是非，他说："在开始由全民联营变成我们6个人的合伙公司时，我们就做过很多决议，决议说当时我们按照现行的制度变成了私人合伙企业，如果未来的法律政策不允许，或者有出入，我们就把公司再还给公家。我们还把这些决议做成了文件，大家也都认可。因为我管这个事，每次文件都加一条这类的话，就是说，如果怎么着就怎么着，这就叫不欺暗室，虽然是合伙人，但你做的事将来拿到桌面上要没有问题。所以，从那时开始到公司正常运营，一直到现在，我们在每一次钱的问题上都很费心思。总之，钱的是非要特别在意，千万别光看钱不看是非。"

冯仑对于钱的是非问题极其重视，因此也非常谨慎。早在1993年，冯仑就在一件小事上表现出了这个特点。

1993年，当时还在万通的潘石屹打算把公司的股票作为奖金发给员工，他和冯仑说过这件事，但冯仑没有表态。最后，公司的股票还是发下去了。当发到冯仑时，冯仑没有拿，因为他担心自己拿了这笔钱可能会涉嫌侵占或贪污。他不拿没关系，可公司上上下下那么多人该怎么办呢？冯仑最后想出个折中的办法，让人把股票凭据交给董事会秘书保管。后来等《公司法》《所得税法》把这些情况界定清楚了，万通在处理遗留员工等股份的时候，经过股东大会的决定，这些钱才最终发到员工手上。这件事前后经历了十多年，当冯仑拿到股票凭据时，已经是2007年了。

这件事情在当时的"是"与"非"，的确不太容易判断，因为当时连《公司法》对此的规定都不明确。在多年之后的今天，我们回过头去分析这件事，会发现很多值得深思的地方。按照当前的法律规定，钱的是非问题已经区分得非常清楚了，而冯仑在十几年前就模模糊糊地看到了这一点，其前瞻性让人不得不敬服。在冯仑看来，每一位企业的领导，甚至每一个普通公民都应该重视钱的是非问题。

冯仑指出，钱的是非分"刚性的是非"和"软性的是非"两种：刚性的，指法律性、政策性的是非；而软性的指道德的是非。刚性的是非比较容易理解和遵守,软性的是非则不那么容易把握。冯仑在谈到"道德的是非"时说:"道德的是非在中国是一个很大的挑战,你怎么用钱,怎么花钱,怎么看待钱,在道德的取舍上往往有非常大的一个空间。一个人在这个空间的位置,决定了他一生怎么把握金钱和自己的关系。"

钱的道德是非是弹性的,它没有要求企业该为希望工程捐多少钱,也没有规定企业家不能随便乱花钱,即使有的企业效益很好,没有为希望工程捐一分钱,也不会得到法律的制裁,因为你并没有触犯法律。但在别人眼里,那个企业将会变成没有社会责任感的企业,这就是道德的压力。

有很多企业因为处理不好企业经营与做公益慈善事业的关系,也就是没有解决好道德的是非问题,而面临着来自社会各方面的压力。但万通在这方面却处理得非常好。万通对此十分重视,并把它当成企业的一种价值观。公司特地制定了一个公益战略,每年拿出万通经营收入的一定百分比来做慈善事业,这就很好地解决了道德的是非问题。

道德的是非问题虽然并不太好把握,但不容易引起尖锐的问题。真正尖锐而棘手的,是如何处理法律边缘上的钱的是非问题。法律边缘上钱的是非问题有很多种,比如企业之间的资金拆借,还有一些制度变化带来的"昨是今非,今是昨非"等问题。在很多时候,企业管理者都要面对这类问题。如果管理者不够清醒,不懂法律,不能妥善地处理法律边缘上钱的是非问题,他就很可能会因此遇到麻烦,栽跟头。冯仑对此有过深刻的教训。

陈希同案子出来之后,有一个与案件有牵连的人打算逃跑,他在万通有股份,所以在逃跑前向万通索要30万美元。冯仑核实清楚之后就批给了他这笔钱,并没有问他拿这笔钱去做什么。那个人最后逃到了美国,但不知什么原因又回来了。后来的某一天,冯仑接到了一个让他立刻前去协助调查的电话,冯仑觉得自己和这个案子并没有什么关系,就委托公司的律师前去。律师去了才知道,原来对方是要追查为什么万通要给那个人汇钱。律师把事情详细地讲了一遍,并表示当时万通并不知道他要逃跑。这件事情反复折腾了很长时间,最后总算是摆脱了干系。

这件事给了冯仑一个深刻的教训,让他知道了要谨慎处理法律边缘上钱的是非问题。他在文章中写道:"最难处理的全都是这些处在法律边缘上的问题。如果不清醒的话,随时都可能被扯进去。从万通最初开始,我在金钱的是非上就特别在意。就像王石说的,到目前为止,万通的人不管是离开的还是留在公司的,没有一个是因为钱被抓起来的。所以钱的事很悬,一不留神就成了陷阱。你光顾仗义了,不问是非,钱一给出去,麻烦就来了。"

钱的是非问题不仅体现在公司管理方面,也体现在公司管理者个人身上。在一定程度上可以说,管理者处理个人财富的方式,会以直接或间接的方式影响到公司。赚钱之后,该如何处理呢?很多管理者都会为这样的问题所困惑。为此,冯仑提出了"花钱的艺术"一说。

冯仑把花钱的艺术总结为三点:

(1)找到花钱与幸福之间的平衡。

冯仑认为,很多人都在不停地追逐着幸福,但到底什么是幸福,他们并不清楚。既然不知道什么是真正的幸福,那么他们的追求过程往往就是盲目的。很多有钱人认为,花钱越多就越能感受到幸福。于是,他们肆无忌惮地进行奢侈消费,甚至恶性消费,比如修坟,购买游艇、私人飞机等。其实,这种消费并不能给人带来尊重,也不能给人带来安全感,更谈不上幸福感。这种消费方式反而会使人沦为金钱的奴隶,耗尽仅存的幸福感。如果一个商人不能够将金钱与幸福统一起来,那么,他对财富的追求必然会误入歧途,他的企业也难以平稳、持续、健康地发展。

冯仑认为,花钱多少与幸福感没有直接的关系。如果幸福取决于金钱,那么经济最发达的美国一定是世界上幸福指数最高的国家。但遗憾的是,这顶桂冠并不属于美国。

作为全世界最富有的人,比尔·盖茨在花钱与幸福之间找到了平衡点。冯仑评论比尔·盖茨说他很平易近人,几次到中国来,都是下了飞机自己直接赶往会场,从不要求政府接待。他在中国有企业,有车,也有人,完全可以搞得很夸张,但他并没有铺张和炫耀。可以看出,比尔·盖茨花钱的方式是朴实的,他并没有把幸福感与夸张的消费方式勾连起来。

(2)要管理好欲望,掌握好花钱与欲望之间的平衡。

冯仑认为,在如今的金钱社会,欲望已经成为了幸福的敌人,金钱的增长速度永远也赶不上欲望的增长速度,这也正是很多烦恼产生的根源。总是这山望着那山高,毫无休止的欲望之城会压得你喘不过气来。控制欲望的最高境界是花很少的钱就能得到满足感。

(3)必须在私利与公益之间找到平衡。

冯仑认为,钱多了以后就必须面对一个私利和公益的问题,就是自己的事和大家的事之间的区分。这里所说的"大家",也包括小团队。你所在的社区,这算一个"大家";公众、城市,也算"大家";人类、地球,这都是"大家"。这是企业和企业家赚钱以后必须要面对的问题。

冯仑认为,做公益慈善事业,既能保持生产领域里的效力,又能解决社会当中的不和谐和社会差别造成的矛盾。总的看来,冯仑"花钱的艺术"颇具学术水准。这并不是说冯仑的观点空阔而脱离实际,恰恰相反,这些观点是冯仑从多年的商业生涯中总结出来的,只是冯仑对其进行了提炼、萃取,并使之抽象化为普遍适用的理论。作为一个"前学者",冯仑也许是当前中国商界最适合做这种理论总结的人选。

4.履行企业公民的责任

在中国,很多大型外资企业积极主张在公司管理中要特别重视公民责任,他们在中国每年做很多企业公民方面的努力,而且要求员工要积极参与。做这些事情看似与企业经营绩效没有直接关系,但实际上,这样做有助于扩大公司在某地区的业务规模和提升发展空间。

从目前来看,企业更好地履行企业公民的责任是否对经营者有帮助,还没有数学模型来量化,只有一个定性的说法和一个道德的说法。因此,冯仑说:"总体来说,履行企业公民的责任不是速效救心丸,而是一个保健品,不是说吃了马上就活了,但你经常吃虫草、燕窝,对身体一定是有帮助的。所以建议大家只要有条件,还是要经常服用这些'保健品',经常放在身边,对公司是有益无害的,至少可以获得心理上的道德安全感,同时获得社会更多人的支持。"

企业履行企业公民责任是一件责无旁贷的事情,但要按正常的程序进行,不能鲁莽行事。

1998年,我国南方地区发生了百年不遇的特大洪水,全国上下齐聚力量抗洪救灾,很多民营企业纷纷慷慨解囊,捐出几百万甚至几千万。这些公司有些是有限责任公司,有些是股份制公司,他们捐钱并没有经过必要的法定程序,是一种违法行为。《公司法》规定,法人代表自己做决定拿别人的钱捐款属于侵占别人财产。一个股份制公司,在没有经过股东大会的同意前是不能随便捐款的。另外,有很多民营企业做出捐款的承诺,但最后却没有拿出钱来。据统计,1998年抗洪救灾6亿元募捐款,竟然有一半没到位。

　　2008年3月1日,湖北省民政厅赈灾接收办公室传出个令人震惊的消息:该省共接收雪灾捐款1.06亿元,而实际到账仅7383万元。也就是说,有3000多万元完全是赈灾"空头支票"。冯仑认为,出现这些情况是因为国内民营企业的企业公民责任都是由老板一个人决定的,跟公司没有关系,跟公司的日常行为和公司治理没有关系。老板之所以会这么做,是着眼于他的商业利益的考虑,屈服于周边道德压力的体现。西方企业在这方面做得显然比中国的民营企业要好得多。在西方,履行企业公民的责任被当作公司治理的一个目标。

　　冯仑认为西方企业的做法与中国企业有几个不同的地方:第一,他们有一个长期的公益战略来确定他们公益的重点、方法、人才和经费,而不是某一个领导人随机决定。第二,他们所有公益战略的实施都要经过董事会和股东大会的决策程序,履行必要的法律手续。比如说,每年拿出多少钱来放在公益基金里面,这得经过董事会和股东大会批准,然后再做出预算,每年按照这样的步骤来实施。但是在这种情况下,如果突然发生了地震、水灾等,这时公司要重新调整预算的程序就会显得比较复杂。比如说东南亚海啸来了,可能很快让你捐,但程序和约束不能随便动,预算不能临时改,要有一套程序来评估这个钱应该给谁,所以,跨国企业的善举往往反应稍显迟钝。第三,他们实施公益的时候强调全体员工的参与,重点是对员工的训练和价值观的培养,他们做了大量的工作,在员工训练层面上会下很大工夫,同时会给员工时间,按照公益战略推动员工做自己喜欢的公益,使之成为公司内部员工的价值取向和行为守则,而不是老板一个人的事情。

　　经过对比,冯仑选择了西方公司的治理模式来履行万通的企业公民责任。他在2008年新年献词《欢呼企业公民的时代》中表示,万通将"在履行企业公民的过程中将企业公民的核心价值观灌输给员工,从而将正确的价值观渗透到公司的各个方面"。

现在很少有企业能将履行企业公民责任纳入公司战略,在战略定位、战略目标和战略实施等方面给予充分阐述和有力地推动。很多人认为企业的社会责任就是企业家的慈善行为,但在冯仑看来,企业家的慈善行为并不等同于企业的社会责任。他说:"目前,民营企业进行企业公益活动时,个人色彩往往比较重,所以,究竟这个企业社会责任是一个员工集体的意识和公司的价值导向,还是老板个人的偏好,这是很大的问题。所以,我们看到一些有影响力的,包括一些有影响力的民营企业,它的老板个人在慈善榜上总是有名,但公司实际上在企业社会责任方面做得并不是特别好。"

冯仑认为,想要避免将企业家的慈善行为与企业的社会责任等同,应当选择将履行企业公民责任完全纳入公司的战略,使之与公司的经营目标和股东的长期利益协调一致,相得益彰。为此,冯仑说道:"国际经验表明,要使公司战略与企业公民责任很好地协调,必须在经济、社会、生态环境和公司管理四个方面进行具体规划,并且采取相应措施予以落实。"

关于重视公司治理,冯仑认为,公司应当不断检讨和完善自身的治理结构,依法、依规、依照公司章程履行企业公民责任,应有专门人员负责企业公民事务,在董事会成立企业公民委员会,建立和完善企业公民方面的信息披露制度。公司治理可以使企业很好地履行企业公民的责任,这体现了万通在治理结构上确保其能有效履行企业公民责任的积极努力。

企业在履行企业公民责任时能否得到员工的支持和认同非常重要。企业在履行企业公民的过程中必须将企业公民的核心价值观灌输给员工,不断对其进行教育培训,从而使所有员工发自内心地接受和热爱企业公民的活动,随时随地互相激励和监督。

5.做好人,才能做好企业

一个企业的好坏和发展前景,不仅在于是否选择了一个好的行业,更在于企业家是一个什么样的人。很多时候,做企业首先就是做人。如果是一个好人,走的是正道,那么,即使是在一个竞争激烈的行业中,他的企业一样能够生存。如果一个管理者只想靠钻营和欺骗来发展自己的企业,那么,即使是在一个竞争不激烈的行业内,他也注定会失败。

冯仑在"华夏之星"中国小企业公益大讲堂上的讲话中说:

我认为市场经济这么搞下去,最后好人应该能有最多、最大的机会。

在小公司的时候,人容易学坏。因为什么?困难太多太多,每一个困难可能都是学坏的理由,每一次增长都可能有一个堕落的机会。但是,你能不能挺得住?从房地产行业来说,非常有意思。到目前为止,生存下来的都是走市场路线的、走产品和服务路线的,同时不走所谓权贵路线,不去找他二大爷。凡是走权贵的,然后靠政府,有灰色交易的,这些房地产公司反而长不大。可能在一个项目上赚钱了,接着就会被拿下去。做房地产有一个特别有趣的事叫作从哪里拿到钱又从哪里还回去,你从地上拿到的,最后土地出了事又还回去。

人生在这个阶段,也就是在小企业快速成长的阶段,有很多突破了瓶颈,遇到很多诱惑的时候,怎么样坚持自己的价值观?这个价值观,简单来说就是学好。

我们自己的公司,当然也面临这些选择,我们就选择好人、好事、好钱，学先进、傍大款、走正道，反正一句话，我们就是做比较笨的人，因为比较笨的人竞争少，聪明的人竞争太多。当别人都去争一个非常投机的机会，不去做产品，而是在中间倒腾的时候，看似很容易，但竞争的也多。你吭哧吭哧做一件事很慢的时候，竞争者很少。聪明的人都是不断移动的，只有笨的人才是在一个点上不动，是执着的人。在这个阶段，执着，而且选择正确的价值观，以好人的心态做这件事情，很容易就活过来了。

冯仑就是一个这样的人，他不光在演讲中说企业家要做一个好人，要讲诚信，事实上，他也确实是这么做的。通过冯仑的话，我们可以看出，万通地产虽然跟企业的龙头万科还有些许差距，不过也算是信誉非常好的。正因为没有污点，所以他们在审批的过程中，会比一般的公司更快。这就是信誉的价值。

在高科技企业中，近两年发展最迅速的莫过于小米手机。他们所以能够一出现就获得巨大的成功，靠的就是品质。小米跟一般的企业不一样，在这个处处强调现代化、强调新营销方式的时代，小米靠的则是最原始的传播方式——口碑传播。也就是用过小米手机的人口口相传，从而让广大群众熟知。

这种方式是很有效果的。人们都有这样的感触，电视上的广告虽然华丽，但当真正选择产品的时候，能影响自己决定的还是身边朋友、同事们的建议，如果那人体验过，那就更有说服力了。当然，这种营销方式虽然好，但也要靠产品的品质做支撑。如果产品的质量不行，公司的信誉不佳，选择口碑营销就是自寻死路。小米能成功，靠的就是产品的质量和公司的信誉。他们能做到这一点，跟小米的领军人雷军是分不开的。

雷军是互联网界的名人，入行很早，在行业内摸爬滚打了十多年,最开始的时候虽然也有不俗的成绩,但一直没有获得巨大的成功。尽管如此,他没有放弃追求。他有自己的理念,觉得只要做一个好人,做一个好企业,有信誉,那么迟早能够得到自己想要的。

雷军不仅是一个企业的领导者,也是一个著名的投资人。在选择投资对象的时候,他秉持的也是这个标准。

一次访谈中,雷军曾说过自己的理念,那就是诚信是第一位的。不仅自己在做企业的时候追求诚信,在投资时,选择投资人也要看对方的诚信度。

他说,创业失败是很正常的事,没有哪个领域或哪个人能够保证只要创业就能成功。而他很多时候也会给那些创业失败的人进行第二次投资,让他们有一个东山再起的机会。在选择对谁进行第二次投资的时候,他看的就是对方的人品和诚信度。

雷军举了一个例子,他曾经投资过一个公司,给了对方50万,那个人自己也借了很多钱,最后筹到180万,结果都赔了。结果那个人又去找雷军借钱,希望获得再次投资。雷军对他说:"你把之前的钱都赔了,你在我这里已经没有百分百的信任了,我会觉得你的能力等有一定的问题,而且之前有些事情你做得也不能让我满意。"那个人听了之后很是惭愧,真诚地向雷军道歉。鉴于他这种诚恳的态度,雷军决定再帮他一次。

这就是雷军的选择。一个人做生意赔了,说明这个人能力可能有问题,当然也可能是外部因素造成的,但他懂得反省,知道道歉,这就说明他的人品没问题,是个好人,懂得承担责任。这样的人,是值得给第二次机会的。

在雷军看来,做好人是做好企业的前提。所以,他愿意投资给好人,也愿意做一个好人。

有钱未必能够得到别人的尊重,但如果你是一个好人,那么不仅生意伙伴会尊重你,社会大众也会尊重你。有了这份尊重,你的企业也会信誉大增,从而能够更好地开展业务。

因此,很多时候,想要做好企业的前提,就是做一个好人。

6.企业家的"三个钱包"

企业的目的是赢利,但企业家的目的不应该只是赢利这么简单。企业家要有梦想,也要有担当。而想要实现梦想和担当,首先要做的就是理清对钱的态度。作为一个企业家,不仅要知道自己有多少钱,知道如何赚钱,更要知道怎样花钱,还要明白钱的特性。

冯仑的金钱观很有意思,在他看来,一个企业家应该有三个钱包,这三者各有特点,也各有用途,应该用不同的态度去面对。

人(扩大说也可以指一个公司)一生会有三个钱包,他可以使用三种钱。一个是现金或资产,这些东西是物化的,可以看到。比如在银行存了100万元,还有100万房产、100万股票,这是一个钱包,是可以计算的钱包,多数人每天在算的就是这个钱包。第二个钱包是信用,别人口袋里的钱你能支配多少。比如,我给某某打电话借100万,结果下午钱就到账了。虽然这个钱在法律上是不属于我的,但是我能支配的,这种钱比较难度量,它是抽象的。在你急难的时候,你可能借到这笔钱,这是信用的钱包。第三个是心理的钱包,有人花100万元,觉得挺少的,因为他有1亿元;有人只有10000元,花了9999元,心想完蛋了,要破产了。同样一种花钱方式,在不同情境、不同心态下,你感觉钱的多少是不一样的。比如,在困难的时候,1元钱对你而言可能顶100万元;当你有1亿元的时候,就觉得100万元也似乎不是钱,尤其是在和平环境、生活无忧的时候。

所以,人一生就在不断翻动着这三个钱包里的钱。第一个钱包里的钱最容易度量,也比较易于管理,就像煤球,踢一脚就踢一脚,脏了烂了反正都是那么一堆。第二个钱包是最难管理的,信用资产是飘在天上的氢气球,它可以飞得很高,但也很脆弱,一扎就爆了。所以,越伟大的公司越害怕投诉,越害怕有人扎他的"气球"。好的公司、好的人用了别人的钱,用得多了也自然有人要监督你,所以第二个钱包轻易不能打开;但不打开,调动的资源又有限;资源调动得越多,信用越大,你也越脆弱。所以,公众公司容易被丑闻打倒,而私人家族公司反倒不怕。第三个钱包实际是心理感觉。有两种感觉决定钱包的大小,一种是情境的变化,顺利和困难时支出钱的多少会让人有心理反差;第二种取决于钱的稀缺程度和它在你心里实际占的比例,而不是花了多少钱。同样都花100元,一个占50%,一个占10%,是不一样的。人的一生在调配钱包的时候,实际是每天都在算三个钱包。做一个好的企业,要放大第二个钱包,调整第三个钱包,守住第一个钱包。守住第一个是根本,放大第二个来促进第一个钱包的增长,最后是调整心理预期和实际的风险控制,不让自己处于高风险的地方,让心理钱包总是很平衡。如果预期脱离实际,你的心理钱包老是不稳定,就会做出急躁的决定。

在冯仑看来,一个创业者首先要满足一个条件,就是他的第一个钱包一定要是满的,至少要够用,也就是创业首先要有本钱。如果没有本钱,而是靠借钱创业,就会有很多不方便的地方。第一就是,借钱是有利息的,即使是向朋友借,对方不收利息,那也是要欠人情的。最重要的是,这份钱会给人带来一定的压力和负担。有人觉得这份压力和负担可以催人奋进,让创业者绷紧神经,更加努力。实际上,压力也有不好的一面,有这份压力在,创业者往往会更倾向于冒险,而冒险对一个创业者来说是大忌。

企业创建之后,就要开始琢磨赚钱了。不过在这个阶段,冯仑给出的忠告是,不要先想着如何填满自己的第一个钱包,至少不能只想着如何填满第一个钱包,还要想着如何让自己的第二个钱包鼓起来。初创的企业往往会尽最大可能地追求利益,这种做法无可厚非,但建立信用显然比赚钱更重要。只要信用建立起来了,企业的发展也就有保障了。这是企业长期发展的基础,更是让企业发展壮大的必要因素。

接下来就是第三个钱包了,也就是对钱的态度。人应该看重钱,但不能只看重钱,该舍的时候就要舍。有人说,选择的关键不在于想要得到什么,而在于能够舍弃哪些。经营企业也是一样。一个敢舍的人不会被失败打倒,因为他在决定上马一个项目的时候,就已经想到了可能出现的困境,并能坦然接受这些。这时候,如果这个项目有了问题,他不会后悔,更不会萌生退意。这样,他就能坚持下去,这份坚持就是企业成长的保障。

作为一个企业家或管理者,要做的就是理性看待自己的三个钱包,只有将这三个钱包的位置摆正了,才能让它们不断鼓胀,让企业发展得越来越顺。这是一个企业家的能力,更是决定一个企业大小的重要因素。

一个企业家,不仅要有强大的管理能力和前瞻性眼光,还要懂得如何支配钱、如何赚钱、如何管理钱。俗话说,吃不穷、穿不穷,算计不到就受穷,说的就是这个意思。钱不在多少,关键在于管理和经营。一个管理钱的高手可以用钱生钱,而一个不会管理钱的人,即使再富有,终有坐吃山空的一天。

在对钱的管理上,比尔·盖茨很有经验。比尔·盖茨是一个有钱人,但并不乱花钱。他平时很节省,凡事都有算计。他不仅在个人生活上如此，在经营公司上也是一样。而且，他还经常教导自己的员工，给他们灌输正确的金钱观，告诉他们如何管理自己的钱，如何建立多赚钱的渠道。

盖茨的做法主要有三点。

第一，有服务意识，要让用户感觉舒服。这一点不仅体现在客户服务人员解答用户问题的态度上，更体现在产品的设计上。电脑操作系统有很多，但微软之所以可以以绝对的优势控制市场，就是因为他们的产品符合用户的习惯。用户喜欢产品，企业自然就有赢利能力，能够赚到更多的钱。

第二，维护企业信誉。盖茨深谙一个道理，那就是对一家企业来说，信誉可能无法直接转换成钱，但是如果没有信誉，企业将完全赚不到钱。因此，在经营企业的时候，他始终重视信誉。正是因为有着强大的商业信誉，盖茨才能得到全世界人的尊重和爱戴。人们喜欢他不是因为他有钱，而是他是一个有信誉的人，建立了一家有信誉的公司，微软的产品给人们的生活提供了便利。

第三，懂得利用钱。盖茨有钱，会赚钱，但也知道如何利用钱。他平时的生活是非常俭朴的，坐飞机坐的是经济舱，也很少甚至几乎不买名牌商品。但他在做慈善方面从来都没有小气过，甚至还主张"裸捐"，就是百年之后，将自己的所有财产都捐出去，一分不留。这是一种境界。而正是这种境界，让盖茨在世人面前建立了信誉。这份信誉也延伸到了他的公司，很多人都因认同盖茨的做法而认同微软公司，这又进一步促进了微软的赢利。

总之，作为一个管理者、企业家，要对钱有一个清醒、正确的认识。真正的企业家不仅是赚钱的高手，也是花钱的高手。他们知道，钱如何用才能产生最大的社会价值。这份能力，会让他们更加有钱。

附　录

"仑语"精华100条

···

（1）道德经常会成为大家对某个时代问题的评判标准，但社会处于转型期时，可能会出现几种不同的道德声音，人在信奉一贯的道德时又特别容易不留神进而把自己给绞死。社会在转型时，需要宽容，用一个超越时代的智慧来引领这个时代。

（2）过去十年中，没有一个企业靠土地的储备竞争排在前面成了大爷，反倒有很多最后被套死了。这跟结婚一样，老婆多了不见得是个幸福的事。所以，土地多了也不一定赚钱。

（3）地产商有三个发展阶段：地主加工头—厂长加资本家—导演加制片。后者是最高境界，如同张艺谋，不出钱只收费的开发商。

（4）同样是跑步，村子里的狗蛋和奥运赛场的刘翔有着本质的区别：狗蛋没有规则，撒开脚丫子随意跑；刘翔是在奥运场地按照田径竞技规则比赛。非上市公司就像狗蛋，缺乏统一的竞赛规则，也就无从比较成绩；上市公司就是刘翔，每一块肌肉的训练都要求是科学的，必须在公开的、遵循规则的前提下创造成绩。

(5)女人的心智成熟得比男人早,有一种防卫的机制,对道德和社会规则更倾向于接受、承认和遵守,而男人总是要冒险、猎奇、打破规则;女人的投资决策非常谨慎、执著,属于"终身大事式"思维,一旦决定不会轻易改变,而男人多半是"玩一下再说"的思维,容易决定,也容易放弃;女人目标明确,做事细腻,善于用一种富有感染力、清晰的方式来打动对方,这些特点对男人投资和管理企业都是很有借鉴作用的。

(6)大钱是生产资料,小钱是生活资料,想吃肉就吃肉,就是幸福;人类的很多痛苦都跟时间不自由有关,睡觉睡到自然醒,时间自我支配,就是幸福;角色和身份常让人不舒服,假如你不介意自己的角色和周围人对你的评价,而是有自己的是非标准,那么你就幸福了。

(7)在不丹不需要谷歌,每一个人都是谷歌,因为每一个人都知道要去的方向。方向感就是价值观,一个好企业就是要让所有的员工有统一的价值观,这样员工会有归属感,行为会有统一的标准,企业管理的成本也会降低。

(8)有形的力量,别人挥拳,你抽刀,但像风一样看不见的力量,突然之间变成强大的东西,足以让你死亡。舆论、道德、媒体这些软性的东西无处不在。不要让你的敌人像风一样地存在。而自己应该逐步形成一种巨大的软实力——道德力量、能力、影响力、眼光,包括人格力量等,让所有敌人见了你就望风而逃,这才是硬道理。

(9)站在终点回望通向终点的道路,会有很多的感悟,如果能将死亡视为我们人生旅途中的同伴或导师,会提醒我们不要把现在该做的事情拖延到明天,从而帮助我们每天做得更好,而且充实过好每一天。

(10)历史书本和野史、外传常会出现同样一个事件有好几种版本,似是而非,似非而是。面对历史,我们须心存敬畏,但其实历史没有真相,历史越长,是非就越相对。

(11)挣钱、看钱、花钱这三件事在人一生中都会碰到,但所采取的方法却截然不同:有人创业挣钱,有人打工挣钱;有人靠储蓄看住钱,有人靠股票升值钱;有人花钱旅行,有人花钱购物,还有人花钱发展自己的爱好……人们对这三件事的不同选择必然对应不同的结果。

(12)对男人来说,承认失败、主动收缩的决心是很难下的。而很多时候,男人张狂、征服的本性和想要成为一世英雄的虚荣心把事业的方向给误导了。所以对男人来说,承认失败是对自己的勇敢。

(13)以主妇管理家庭的热情来管理企业,不能忘了并非只有花钱购物是主妇的特权,拍苍蝇与扫灰尘等更是经常性的责任。

(14)大家自觉做品牌有两种做法:一种天生就是斑马,另一种把白马画成斑马。万通需要变成一匹真正的斑马,即内在与外在的自然统一。所以,我们必须不断聚集和发挥内在的核心竞争力,有耐心,积极奋斗,这才是根本;而不是一味地包装,依靠夸大的媒体宣传。

(15)金钱能买到物质上的财富和行动上的相对自由,却无法买到人心。有钱又有道德的人会得到尊重,有钱、有道德还有能力的人会得到追随。

(16)奇正之术交相为用,一个人老是出奇,奇多了就成了邪,要以正合以奇胜。

(17)企业发展就如同山路爬坡,有多少上坡就有多少下坡,一时勇不等于一世勇,往往最后的赢家不是最开始跑得最快的企业,而恰恰是最能控制体力、控制速度的企业,因为匀速发展能让企业更稳健地发展。

(18)男人事业发展四部曲:能人—英雄—伟人—圣人。越高级,越危险。

(19)人的事业是个马拉松,在每一个弯道处,前后的次序都会有所变化,但最终跑到终点的是最有毅力的人,而不是某一段跑得最快的人。最后的胜利正是跑得最有毅力而又不跑错方向的人。

(20)现在的年轻人太相信聪明,不太相信毅力,相信取巧和走捷径,喜欢把大道理留给别人,把小道理留给自己。如果你能反过来,把大道理留给自己,把小道理留给别人,你试试看,你一定会了不起。……大道理是经过几千年论证的,你以为你是个例外,这种可能性是微乎其微的。

(21)只要按规程办事,无论谁驾驶汽车都可以正常行驶。万通不能是一个"马车"型企业,离了"车夫",谁也驾驶不了。所以,我们要做成"汽车"型企业。

(22)龟之所以长命百岁,与它的特性有很大关系。脚踏实地,龟总是紧贴大地,不是高高在上,高高在上往往容易跌下来,所以龟不存在跌落的危险,不断验证地心引力存在的真理;坚持外表冷血,龟有壳,不怕碰撞,承受重压能力好,心静如水,不会头脑发热做冒险行动;稳扎稳打,龟实在是太稳了,动作很少,站着和坐着、躺着都是一个概念,积蓄能量,减少耗费;善良温驯,还会惹人同情,龟从来不伤害他人,可以说是极善良的动物,而且乖乖的样子极惹人爱怜,所以它的保护者比天敌要多得多。

(23)人们对已获得的享受往往并不追究其背后的来由,不懂得感恩;对拥有的一切,也往往心安理得,不知反省。一切看似自然而然的事,其实并不自然,心安的事到头来理一定不得。

(24)从企业来说,作为一个领导人,眼中得要有神、有敬畏。人有敬畏,就有内省,就有自我约束,就会进步。就怕没敬畏,把自己当成神。

(25)择高处立,就平处坐,向宽处行。做事情眼光要高,战略角度要高,坚持理想,超越金钱,跳出自我,叫高处立;做事情心气儿不能太高,要照顾到周围,要跟大家很好地相处,互相沟通交流,这就是平起平坐。有了这些基础,做事情就能左右逢源,方法、眼界、人脉越来越宽,就能达到向宽处行。

(26)狮子要活下来,每天要吃大量的鲜肉,它的生存是以其他动物的死亡为代价的。狮子吃完后,一些残骸剩骨就会有土狼、豺狗等一堆"坏人"在后面跟着吃。所以说,狮子生存的成本很高。而大象不同,大象不争,吃的是草,草的成本极低。所以从生存成本来讲,大象比狮子低得多。

(27)公司是个是非地,商场是个是非地,商人是个是非人,挣钱是个是非事,变革的年代是是非的年代……怎么样能在这么多是非里面无是非,这就要求人有非常好、非常稳定的价值观。是非取于心,很多是非是心不平产生的。

(28)心平才能气和,气和才能人顺,人顺才能做事……我觉得要心平,就是把欲望控制在一个自己能够驾驭的领域内。

(29)做到最大是一个结果,不是原因。不是因为你要做最大就会成为最大,而是我要做最好,最后自然发展为最大。

(30)在取利过程中,如果你是依法挣钱、依法纳税,这个取利的过程就是取义,只有取义才能取大利。比如说社会发展方向,股东分红、员工要工资、政府要纳税,这就是义,而且,往往只有你先接受义之后才能挣大钱。

(31)面子和尊严很难拿捏,你让他有面子、你有尊严,这就很重要;但有时你让他有面子、你没尊严。陕西人最懂这玩意儿。陕西人解释面子特别好玩:"你,把人尊重一下。"就是所有的事别人往前抬一下,自己往后让一下,这是陕西人的一个哲学。在人生过程中,让的学问远远高于争的学问。

(32)做生意应坚持这样一个观点:获取利润之后的利润,核算成本之前的成本。学会让而不是学会送，商人的最高境界是让，而送是慈善。

(33)管理上最低的档次应该是管人，就是每天见谁就骂谁；再高一点的档次是管事情，每天开会；再高一点的就是谈观念、意识形态；再高一点就是神，什么都不管，大家都按照你的意志去走，你只需要做一个先知就可以了。

(34)一般来说，我们年轻时希望自己将来的状态是自己的工作能够和社会的进步联系起来，能有所贡献，另外也能得到大家的尊重，让自己的能力更好地发挥。

(35)我现在知道每一个企业都是从小长到大的，别着急。而且创业大概有一年半到两年是瓶颈期，特别难，然后突破瓶颈组织成长、组织膨胀、业务膨胀，然后陷入经济危机。这时得迅速调整，调整过来就好了，调整不过来就会死掉。所以我清楚，头两年要克服瓶颈，之后要控制组织，有了这样一套东西以后，我们心平气和了，知道一个企业要做大需要很多年时间。

(36)两百年前，中国的GDP比美国多；两百年后，我们的国民财富总量不及全球财富的百分之四，而美国却拥有全球财富的三分之一。这两百年，我们记住和津津乐道的是伟大的皇帝、领袖和他们的传奇故事与丰功伟绩，却见不到财富的实际增长；而在大洋彼岸，人们记住的只是制度（宪法与法律），随意批评甚至嘲讽的是弱智的总统。

(37)有一种企业的增长叫做"自杀式增长"——销售增长、利润增长、营业额增长、规模增长等，但每股净现金流是负的。

(38)在中国做生意，尤其是做民营企业，必须拥有非常强大的内心力量，否则就没办法野蛮生长了……这种力量并不是只用一天就能练习出来的，它是被磨炼出来的。

(39)天天在安逸的环境里，你就不会懂得咀嚼痛苦，更体会不到痛苦对人到底有多大帮助,而人类的智慧往往来源于事后对痛苦的咀嚼。

(40)最低境界是劳而无获;中间境界是劳有所获,你做一份工作,得一份回报,按劳付酬;最高境界是不劳而获,你能把各种事情都安排好,坐在家里就日进斗金,但这种事情不大可能,只能说曾经梦里有,现在没看见。

(41)做大生意必须先有钱,第一次做大生意谁都没有钱。在这个时候,自己可以知道自己没钱,但不能让别人知道。当大家都以为你有钱的时候,都愿意和你合作做生意的时候,到最后,你就真的有钱了。

(42)最大的教训就是不懂千万别装懂,装懂以后,被人点醒了赶紧改正,改正了以后就要付诸实施,再别犯同样的错误。

(43)价值观是一个企业特别是领导人内心最深层的是非判断和善恶取舍,是企业未来行为方式与业务导向的最根本指引。这种价值观无论在任何企业都客观存在,只不过当它不被领导人放在嘴上到处宣称时,便只能在企业兴衰的历史轨迹中找到蛛丝马迹;而当它被提炼成精确文字广为传播甚至宗教化时,便成了可以研究和仿效的"企业文化"。

(44)身体是革命的本钱,但对我们这些男人们,革命才是身体的本钱!你的企业、你的事业停步了,你还有什么本钱?!

(45)学万科,我们终于做到了比较从容、专业地发展;学柳传志,我们学到了一个好的价值观,企业比较稳;学马云,就要学习在新商业文明规则下怎么生存。

(46)所有的伟大都是事后的追溯,绝不是事先的设计。所有人说伟大是事先设计的都是骗人的,伟大只是事后的追溯。当我们追溯伟大时,如果能找到一些当时的伟大基因,这算是客观;如果没找到这些基因,而只是在粉饰自己,那叫欺世盗名。

(47)在各种各样的潮流里,比如在海里,你要顽强地把脖子伸出来,要不就淹死了。这件事情对我来说特别重要,这就叫奋斗。

(48)培养你的不是导师,而是你的对手。爱你的人不教你生存之道,恨你的人让你长了很多本事。爱你的人融化你,恨你的人让你坚强,所以才会有"爱死人,恨活人"的说法。

(49)年轻的时候,我们做事情容易受别人的影响,最有意思的就是"隔壁进洞房,自己高潮"。很多人都是别人在替自己做决策。很多时候,我们应该别人进洞房,自己该几点睡觉照样几点睡觉,这就是从容。

(50)当你有离婚的经验时,你再去结婚就会很幸福。同学一起创业跟结婚恋爱的人一样,刚开始都是在想好事,但是过一段时间真是有很多问题,如果没有有效的责权管理、人事分配、制度监控等,就会走向两个极端,使组织崩溃。在创业初期懵懵懂懂,效率比较高,但是未来的成本会很大。所以,过度承诺的婚姻叫误会,离婚反倒是理解、成熟。

(51)找到花钱与幸福之间的平衡,是花钱艺术中的第一件事。花钱很多,并不一定会有幸福。花钱的艺术就在于你花了钱能够增加自由,增加快乐,增加安全感,增加被尊重的感觉,增加一个人自我实现的感觉。

(52)第一,我是看别人看不到的地方;第二,算别人算不清的账;第三,管别人不管的事情。我认为董事长就做这三件事。

(53)跟谁一起做事决定事情的性质。民初名妓小凤仙,她要是找一个民工,扫黄就扫走了;她找蔡锷,就流芳千古;她要是跟华盛顿,那就是国母。所以,不在于你接客不接客,不在于你干什么,而在于你跟谁做。

(54)口号可以产生创业期特别需要的冲动,但口号不是一个可以正常经营和建设的东西,而正常经营和建设恰恰是企业最需要的。

(55)地主地里能打多少粮食,预期很清楚,一旦预期清楚,欲望就会被自然约束,也就用不着再努力了,所以会过得很愉快。企业家不同,企业家的预期和他的努力互相作用,预期越高,努力越大,努力越大,预期越高,这两个作用力交替起作用,逼着企业家往前冲。

(56)时间决定一些事的性质,包括企业的性质。比如,赵四小姐16岁去大帅府跟张学良,她去1年,是作风问题;去3年,是瞎搅和;一去30年,那就是爱情。

(57)人之所以受限制,是因为内心太小,行走、阅读、交往……能增长内心。人内心大了,才能坦然、通泰、豁达。

(58)人不能成为神,但可以努力成为在神隔壁的人;人很难成为伟人,但至少可以努力去成为伟人的朋友。

(59)"大"怎么能存在?第一,是不动;第二,就是无形。有些民营企业已经很大了,还乱动,"乱动"则导致"动乱"。我认为,企业变大了以后就要布堂堂君子之阵。可以说,我对公司最大的贡献就是没乱动。

(60)有人说,组织一定要变革、创新、学习;还有人说,必须稳定,一个建立了两三年的组织连旧版都没有夯实,变什么?据有人研究的结论是稳定的价值观超过变革,变革会毁坏财富。变革和稳定是考验企业家的平衡木,绝对变革和绝对稳定都行不通,拿捏好最不容易。

(61)企业家应该知道你的竞争对手是什么。我的竞争对手不是房地产企业,他们都是我的学习榜样,而不是竞争对手。竞争对手是真主和上帝!为什么?我们要在看不清的地方找到一个清晰的未来,就是在不确定中看到方向,这都是上帝和真主管的。

(62)民营企业在四种情况下最容易死掉:一是社会革命,二是科技革命,三是自然灾害,四就是商业周期风险。前三者基本与大势相关,属于不可抗力,而企业作为个体最容易死掉的,则是商业周期风险。

(63)人一生有四个必修课(大家不一定要去做):一是坐牢一年无罪释放,千万别埋怨政府,这一年让你想清楚了是非;二是癌症误诊,知生死;三是离异无子女,知爱恨;四是SARS误诊,知人心不古、世态炎凉。人必须要有特别的经历才能明白道理,才能不紧张。

(64)我觉得公司有两种做法:大众式健身型与刘翔式专业型。万通做的是专业型。大众健身一般是跑步,有四个特点:自己掌握标准;没人评判;想练就练,想停就停,随意性大;动作简单。专业运动员,比如刘翔,与大众健身不同在于:标准公开;优劣由别人评定;常练不停;姿势科学,选择高难度动作——跨栏。

(65)做企业第一是不争,不企图吃掉别人。我们不去寻求垄断的机会,不把自己的存在建立在别人痛苦的基础上,而是力求让所有的消费者、股东、员工以及社会各界都喜欢我们,认为我们是个不错的公司,让大家都需要你。老子说"夫唯不争,故天下莫能与之争",就是这个道理。

(66)最重要的还是应当在价值观的培养上下工夫。在价值观上的投资相当于给人生装上了一个GPS,人生观就是人一生的卫星定位导航仪,有了它,在人生的任何时候都能找到方向,找到了方向,一个人就有了生存能力。

(67)我们所谓文化,尽可能把人的自觉性调动起来,而把自律放在他律的前面。我们现在制度管的是他律,而有理想的人、有追求的人、有精神束缚的人都是自律的。

(68)人和人的沟通有三个层面的沟通:第一是公事,第二是私事,第三是家事。

(69)立志就是在人生海洋中立了一个航标,不管走到哪里,中间干了别的什么事,顺利或不顺利,都是依着这个航标前行的。

(70)自律,在目标约束下,使自己就像导弹一样,盯住目标,目不转睛,坚定不移。反省,凡是志向远大的人都时刻俭省自己、提高自己,这种力量也不得了。

(71)过去,我们老以为伟大是领导别人,这其实是错的。当你不能管理自己的时候,你便失去了所有领导别人的资格和能力。

(72)大道理是伟大的人遵守的,凡是伟大的事,没一件是令人舒服的。高瞻远瞩、胸怀坦荡、刻苦忍耐、含辛茹苦、坚韧不拔……没有一件是让感觉器官舒服的事。

(73)一个好的企业就是一座好的庙,一个好的企业家就是一个好的大和尚,一个好的职业经理人就是一个好的小和尚。我们给客户的永远是1%的使用价值和99%的希望。管理的最高境界就在于不仅能把明确的规则搞清楚,也能把潜规则搞清楚,最后办好自己的庙,成为一个伟大的大和尚。

(74)一个管理者容易犯错误的地方在于,弄不清楚管理自己还是管理别人。公司领导者管理自己永远比管理别人重要,行为管理、行为矫正的关键是校正自己的行为。伟大的人管理自己而不是领导别人。

(75)钱是有腿、有性格的,也是有气味的。全球钱的80%是在美国和欧洲之间跑,20%往新兴市场跑,这20%里的50%在中国。想要运作资金,想要懂得如何让别人支持你,如何让钱到你的公司创造效益,就得懂人心——钱心跟着人心走。全世界最聪明的人最终都是先研究人心和制度,反过来才能驾驭金钱。

(76)李嘉诚讲追求无我,王石取名不取利,柳传志讲拐大弯……这些东西恰恰就是他们的成功之道。大家在抓钱的时候,他们刻意或者自然地与钱保持距离。他们对中国社会有一种看法,知道在中国社会应该跟外部世界保持距离,也就是你的存在最好能够让大家舒服。

(77)志向必须要非常远大,毅力才会顽强。过去常讲"君子立恒志,小人恒立志"。一个伟大的人一生选择一次,一个平凡的人每天都在选择。记得毛主席曾经说过:"错误到头了,真理就出现了。"所以,有时你不仅是要坚持正确的,也要敢于坚持自己认为是正确的但别人认为是错误的东西。

(78)理想是什么呢?理想是黑暗尽头的那束光芒。没有这束光芒,人就会在黑暗中死掉;有了这束光芒,人才能忍受这个痛苦。

(79)伟大是熬出来的……"熬"就是看你能否坚持得住。不是指每一个细节都想到了,而是在特别痛苦的时候坚持住了,并把痛苦当营养来享受。

(80)一件事、一个公司,其价值往往并不取决于它本身,而是取决于它所存在的时间,生命力越久就越有价值。所以,一个伟大的人或者杰出的企业家,你要想拥有未来的事业,首先要对准备付出的时间在内心有一个承诺:一生一世,半辈子,还是三五年……

(81)无论企业如何发展壮大,无论何时何地,都不能忘记创业的艰辛,不能忘记做人的准则,不能忘记企业肩负的社会责任。这就是要艰苦奋斗、刻苦忍耐、不断进步。这是万通企业文化中最具代表性的精神。

(82)管理者和创业者要有适度的区分。创业者可以作为股东代表,管理者发挥管理作用,这就是我们说的"经理职业化"。……我们要使股东安于股东地位,经理安于经理地位,让人力资本与货币资本很好地结合。

(83)创业之初,我们就在讲守正出奇,所谓守正就是要遵守各项法律政策,70%要做正,30%可以变通。所有企业在成长过程中都将面临很多灰色的东西,我只能这样跟你说,万通在这些企业里面是做得最少的,而且是能不做就不做,所以,我们一直没有出事。我们很少靠个别官员支持我们,我们没有什么所谓的后台。

(84)学先进、傍大款、走正道。不学先进你就会走歪路;傍大款,就是要和有实力的公司合作,处理好投资者关系,提高合作伙伴的质量,这样才能把我们带起来;我们要走正道,我们所说的这些"大款"也都是走正道的,这样才能为社会创造财富。

(85)"顺天应人"是万通一以贯之的处世态度。万通必须符合中国社会进步,具体地说就是改革开放和现代化事业这一大趋势,这就是万通的天和势。在处理具体事务中,万通人必须熟稔"应乎人情"的道理,做事入情入理,"前半夜想想别人,后半夜想想自己",方圆处世,真诚待人。

(86)学好要有行动力,这是成事的基础。共产党在延安,行动能力是很强的。延安历史博物馆中陈列了大量的外文书籍,说明他们对外部信息的捕捉、对大趋势的掌握是一流的,干的很多事是实实在在的,所以说他们的行动能力极强。

(87)最低水准是花拳绣腿,好看但不堪一击;第二阶段叫精专一门,可能十八般武艺只会使棒,棒使得好,可以像林冲那样;第三境界是十八般武艺样样精通,但是你看不出哪一门最强;但最强的是能把十八般武艺融合在一起的这个功夫,而且这个功夫是任何人不能比的。

(88)伟大在于忍耐和坚持。一个人、一个公司,但凡要成功,除了价值观正确,关键就是毅力。如果没有像阿拉法特神话和传奇般的毅力,就没有他伟大的事业。人必有坚韧不拔之志,才有坚韧不拔之力。人必自强而后强人。

(89)凡是知道未来的人,站在未来、站在终点看现在的人,很清晰。掌握未来才能掌握今天,掌握未来才能掌握今天的命运,只有掌握未来的人才能真正拥有未来。

(90)有的企业"以老板为市场,以银行为顾客,以笼络为管理,以调账为经营",企业经营的终极目标——"离钱近,离事远,离是非更远,走向不劳而获"。而德隆系唐氏兄弟以10亿承担了590亿的经营与风险,实际上是"离钱远,离事近,离是非更近,最终走向劳而无获"。

(91)我们追求既不远又不近,既不完全属于私人又不能完全国有,那就是股份制,使出资人可以看得见,可以数得过来。如果对这个东西做个理论化的解释,我们称之为"资本社会化"。

(92)很多草莽出身的领导人"读MBA的功效,就像学习一门外语,只不过是换了一套语言系统。以前叫大哥,现在叫CEO;以前叫搞定,现在叫执行"。

(93)《道德经》是我认为最猛的一个学说。平时包里总放着很小一个线装本,走哪儿翻哪儿,累了看两页。随便拿出一段,慢慢体会。

(94)我们不知道能干什么时,反而什么事都干;现在知道了自己不能干什么,只能干什么。所谓专业化,是针对多元化而言的……万通能发展到今天,很大程度上因为我们四年前开始强调专业化,知道自己很多事情不能干。

(95)其实人和人在肉体上没什么差别,都是一百多斤肉,从生物学的角度上说都是一样的,差别是在灵魂上。你的精神世界有多大,你的视野就有多大,你的事业就有多大。我认为,一个人事业的边界在内心,要想保证你事业的边界不断增长,就必须扩大你心灵的边界,学习是唯一的途径。

(96)要把小公司当大公司来办,大公司该有的东西我们都应该有,包括理想、自律、奋斗等。共产党在延安有中央、有边区,印邮票、印钱,完全把延安当作一个国家来治理,所谓"烹小鲜而如治大国"。

(97)应该就是我以前说的(将来死去之后的墓志铭):资本家的工作岗位,无产阶级的社会理想,流氓无产阶级的生活习气,士大夫的精神享受。

(98)每年9月13日为万通诞生日,这天成了万通的反省日。万通全体员工对公司的价值观、战略、业务和管理进行全方位反省。反省会经历了三个阶段:最先是反省公司管理;其次是反省公司发展战略;第三阶段从2000年起,演进成"前瞻式"反省,即站在未来反省现在。

(99)我站在企业和买卖人角度讲问题。如果讲得远了一点,也是因为这些问题跟买卖有关,妨碍到我们的买卖,无意中走远了。我一般不走远,我都在买卖上面,这也是柳传志教我的事。

(100)买卖人的职责所系就是要面对股东,这一点我特别赞成王石。当你是一个企业的领导人时,个性不能够太张扬,应该服从于企业和股东。不能说你在这儿代表股东,还老过自己的瘾,那等于拿别人的钱过个人的瘾,不道德,不厚道。